父母知我心

如何成为孩子最好的成长伙伴

［美］罗斯·格林（Ross Greene） 著

吕晓志 译

机械工业出版社
CHINA MACHINE PRESS

父母有一个重要的任务：弄清楚他们的孩子是谁，以及他们的特长、爱好、价值观、个性、人生方向，然后帮助他们一步步实现目标。父母希望孩子能够独立，但同时也要他们避免做出错误的选择。父母如果太过强势，他们可能得到的是一个冷漠的孩子。父母要想和孩子建立亲密、良性的亲子关系，并不意味着要做一个不负责任、撒手不管的家长。父母不想大喊大叫，但他们确实想让孩子听到并尊重自己的意见。好的教养方式是在孩子的个性和父母的影响力之间取得平衡。

本书重新审视了教养儿童的典型方法，提出了一种合作式的亲子关系和解决问题的方式。父母可以放弃"胡萝卜加大棒"，停止纠缠、责骂、威胁和惩罚，同时仍拥有影响力；可以创造一个让孩子感到被倾听、被信任的家庭氛围，从而激发孩子的内在动力。本书提供了清晰、具体、可行的准则和沟通策略，为孩子的健康成长和建立更好的亲子关系奠定基础。

Raising Human Beings: Creating a Collaborative Partnership with Your Child
ISBN：978-1-4767-2374-7

Original English Language edition Copyright © 2016 by Ross W. Greene.

Published by arrangement with the original pulisher, Scribner, a Division of Simon & Schuster, Inc.

Simplified Chinese Translation Copyright © 2025 by China Machine Press Co., Ltd. This edition is authorized for sale in the Chinese mainland (excluding Hong Kong SAR, Macao SAR and Taiwan). All rights reserved.

本书中文简体字版由Scribner授权机械工业出版社在中国大陆地区（不包括香港、澳门特别行政区及台湾地区）独家出版发行。未经出版者书面许可，不得以任何方式抄袭、复制或节录本书中的任何部分。

北京市版权局著作权合同登记　图字：01-2023-4421号。

图书在版编目（CIP）数据

父母知我心：如何成为孩子最好的成长伙伴 ／（美）罗斯·格林（Ross Greene）著；吕晓志译. -- 北京：机械工业出版社，2024. 12. -- ISBN 978-7-111-77521-8

Ⅰ. G782

中国国家版本馆CIP数据核字第2025VT1475号

机械工业出版社（北京市百万庄大街22号　邮政编码100037）
策划编辑：侯春鹏　　　　责任编辑：侯春鹏　陈　洁
责任校对：樊钟英　张昕妍　责任印制：任维东
唐山楠萍印务有限公司印刷
2025年7月第1版第1次印刷
148mm×210mm・8.625印张・1插页・175千字
标准书号：ISBN 978-7-111-77521-8
定价：68.00元

电话服务　　　　　　　　网络服务
客服电话：010-88361066　机　工　官　网：www.cmpbook.com
　　　　　010-88379833　机　工　官　博：weibo.com/cmp1952
　　　　　010-68326294　金　书　网：www.golden-book.com
封底无防伪标均为盗版　　机工教育服务网：www.cmpedu.com

前　言

我们要走向哪里？

欢迎阅读本书。打开这本书本身就表明你在认真对待养育孩子这件事，并希望把它做好。这是件很棒的事情。在养育孩子的过程中，父母需要思考以下问题：作为父母，你的目标是什么？你要如何实现这个目标？如果你对上述这些问题感到困惑，也是可以理解的。如今，关于如何抚养孩子的指导意见到处可见，并且这些意见常常互相矛盾，很难让人清楚地知道什么是对的，什么是错的；什么是重要的，什么是不重要的；什么是应该优先考虑的，什么是可以暂时搁置一旁的。更具挑战性的是，当你的孩子没能满足你的期望时，你不知道应该如何智慧地应对。

让我们首先思考一下孩子成长过程中最关键的任务是什么。他的首要任务是需要弄清楚自己是谁——他的技能、情感、信念、价值观、个性、人生目标和方向是什么——他需要接受自己是谁，然后追求并过上与他的特质相适应的美好生活。作为父母，你也有类似的任务：你也需要了解你的孩子是谁，接受他真实的样子,并帮助他过上与其相契合的生活。

当然,你也希望能对自己的孩子产生影响;你想让你的孩子从你的经验、智慧和价值观中受益,并有效地处理现实世界对他们在学业、社会成就和行为举止等各方面的期望。

这种平衡——父母拥有对孩子的影响力和父母帮助孩子过上与他们的特质相契合的生活之间的平衡——是很难实现的。父母和孩子之间的大多数冲突发生在这种平衡变得失序之时。本书中所描述的合作式的——非惩罚性的、非对抗性的——育儿方法将帮助你学会保持上述两者之间的平衡,让你和孩子之间实现畅通的交流。

但是,正如书名所暗示的那样,这本书包含两重主旨。是的,你肯定希望自己和孩子的关系进展顺利,你希望你的孩子能够处理来自现实世界的要求和期望。但作为父母,你也想要培养孩子更积极的品质。我们人类既有利他主义的能力,也有可能会做出卑鄙可耻的行为;我们的天性既可以指引我们走向高尚纯良,也可能导致麻木不仁和危机四伏的人际关系。当然,我们有潜力发展出诸如同理心、诚实、协作和合作精神,通过自身行为对他人产生影响和换位思考的能力,以及以不引起冲突的方式解决种种分歧的技能。这些技能和能力是现实世界对孩子们提出的素质要求,需要家长的刻意培养和鼓励。本书描述的方法将帮助你完成这一任务。

当陷入日常生活的细枝末节,你可能会像许多父母一样,发现自己很难维持自己心目中理想父母的形象。当你每天为孩子的饮食起居、家庭作业、体育锻炼、日常活动、交友约会和考试成绩消耗精力时，你很容易忽视大局。但训练自己具有理想父母的大局观是值得的，这不仅是为了维持良好的亲子关系，也是为了培养孩子具有健全的人格和最佳行动力。我们需要提高"游戏"水平，从改变我们养育孩子的方式开始。

现在，请允许我简单介绍一下自己。我是两个孩子的父亲，两个孩子现在都十几岁了，所以我亲身经历过养育子女的所有甜蜜和烦恼，也跨越过为人父母的所有高峰和低谷。我认为养育孩子是最有趣和最令人谦卑的生活经历。我还是一名具有超过 25 年从业经验的临床心理学家，致力于研究患有社交、情感和行为障碍的孩子。我在家庭、学校、医院精神科、监狱等不同的场合中和成千上万的孩子一起工作过。我接受的心理学教育和工作经验在养育自己的两个孩子方面为我提供了便利吗？我想是的。但就像其他人一样，我必须了解我的孩子们，弄清楚他们是谁，这是养育孩子的起点。我一路上都在不断调整自己，因为孩子处在不断成长和变化之中。

在我的第一本书——《暴脾气小孩：教养执拗、易怒孩子的新方法》(*The Explosive Child*)中，我阐述了一套养育具有挑战性行为的孩子的方法——现在被称为"合作和主动式解决方法"（CPS）——这种方法让孩子的照看者把关注点较少放在改变孩子的行为上，而更多地关注如何与孩子们合作解决那些导致行为产生的问题上。你会在这本书中读到很多关于这种方法的内容，因为它同样适用于那些行为更为"正常"的孩子。看，"正常"

孩子和那些行为更具挑战性的孩子之间的差异真的没有那么大。是的，有些孩子生性更加火爆好斗，有些孩子更爱夸夸其谈，有些孩子则很安静或完全不说话，有些孩子出生在幸运的家庭，有些孩子则走上了一条更加艰难的人生道路。一些孩子可以幸福地与亲生父母生活在一起，另一些孩子只能与亲生父母中的一方或与继父母、养父母、祖父母住在一起。有些孩子在学业上举步维艰，有些孩子很难交到朋友，还有些孩子沉溺在物质享受、电子游戏或社交媒体中。有些孩子志向远大，有些孩子则根本不考虑未来。

但孩子们的需要是一样的，他们需要的是这样的父母或照看者：他们知道如何在保持对孩子的期望和认可孩子独特的技能、偏好、信念、价值观、个性、目标和方向中达到一种平衡；他们知道如何将这种平衡带到日常生活中；他们知道如何帮助孩子主动解决影响他们生活的那些问题；最后，他们知道以培养最理想的人类品性的方式来养育孩子。

本书中当指代孩子时，"他"或"她"会交替出现。我在创作这本书时，借鉴了许多现实生活中我认识的孩子和父母的故事，但必须说明的是它们都是虚构的"复合式"人物。这里面有几个连贯的故事，用来阐明一些重要的主题和策略。当然，我非常希望你能在这些人物和故事中看到你自己和你孩子的影子。

对于一些读者来说，本书中的观点可能似曾相识；而其他读者可能会发现这些想法相当新颖。你可能会读到一些与你目前的思维方式很不契合的观点，很多策略对你来说也可能闻所未闻。但是，试着让这些想法慢慢渗透，认真尝试一下这些策略，不是浅尝辄止——你很有可能会欣喜地发现这些观点和策略很有价值。

罗斯·格林
于美国缅因州波特兰

目 录

前言

第一章 父母的困惑

001

他们不希望自己严厉苛刻、刚愎自用，但也不愿因此导致孩子叛逆无礼；他们力图规避强势高压的教育方式，却又担心放任自流会让孩子消极怠惰、无所用心；他们渴望构建和谐良好的亲子关系，但不愿失去自己的原则和立场；他们不希望动辄嘶吼训斥，却仍期待自己的观点和建议能够得到孩子的理解和重视。教育的关键在于拿捏平衡，但有时维持这样的平衡状态仿佛游走于刀刃之上，殊为不易。

第二章 当矛盾发生时

009

正如疾病来临前，体温会升高，孩子们只是用行为来表达矛盾的存在。为了帮助孩子，父母需要高瞻远瞩，不仅看到行为，更要致力于解决导致这一行为产生的根源。

第三章 旧招数

029

当孩子难以满足大人们的期望时，很多大人心中的想法是：一个人只要够拼，任何事都能完成。顺着这思路，又牵出另一层意思：若是孩子不能完成某个目标，一定是他不够努力。还有一点，孩子要是达不到外界期望，家长会觉得脸上无光。于是，这些想法驱使父母们不停地催促、给孩子施压，要求孩子加倍努力。然而，这种做法只会抽去孩子的内驱力和适应力。

第四章　你的选择

045

为什么孩子生活中出了问题,我们就容易和他们闹矛盾呢?答案得归结到我们解决问题的方式。事实上,处理这种矛盾,未必得搞成对抗式的斗争。孩子生活上的难题不必演化成冲突。育儿不是我们和孩子之间的较量。

第五章　以合作的方式解决问题

077

合作解决问题包括三个阶段:共情阶段、解释大人的担忧阶段和邀请阶段。

第六章　那些不该做的事儿

121

本章的重点主要是"那些不该做的事儿"。当然,只有你真正尝试与孩子一起执行方法 B,这些关于"陷阱"的提醒才会更具有实际意义。

第七章　父母的焦虑

151

所有人类——包括父母在内——都有在无能为力时变得特别焦虑的倾向:或是无力实现某些期望中的结果,或是无力产生某些期望中的影响。而当父母感到无能为力时,反而更想使用权力。但是,越用权力控制,反弹就越强,无力感也就越强。对孩子保持清醒的认知对于控制焦虑至关重要。

第八章　持久的伙伴关系

175

在本章中，我们将审视孩子在不同发展阶段可能难以达成的某些期望，以及面对落差时使用家长单边处理策略（方法 A）和亲子合作策略（方法 B）这两种方案之间的显著差异。

第九章　什么是更重要的

233

我们寻找的是一种不同的力量。人类的真正力量存在于人性光谱中那些积极、阳光的品质，它们能滋养出各种能力。家长需要通过养育、教育、管教以及沟通来帮助孩子培养这些品质。孩子们无法只靠自己就形成这些品质（同理心、合作精神、阳光自信、韧性十足）。

第十章　不再焦虑的父母

261

面对众多的育儿建议，也许有时候你会觉得只需开启"自动驾驶"模式——凭直觉行事就好，这种心情完全可以理解。但如果你能想明白哪些事情至关重要，哪些无关紧要，明确自己的优先级和真正目标，就能避免被外界的纷扰所左右。

RAISING HUMAN
BEINGS

第一章
父母的困惑

似乎一直以来人类就是这个样子：长辈们告诉孩子们该做什么，并引导他们如何去做。"强者为王。""父言为上。""玉不琢，不成器。""依其言行事，勿效其所为。"孩童就应静观而少言。

然而，如同历史上诸多曾被歧视的群体——如女性、有色人种，儿童也历经了漫长的受压迫之路。在不远的过去，人们把新生命带到人间，只是为了让人类繁衍生息，为了有人可以照料农场，为了给家庭增加一些收入，或者有时也仅仅因为避孕手段还未普及。而现今社会，孩子们摆脱了"牧羊人"的命运，他们不再需要为养家糊口辛苦努力，可以自由地探索和选择自己的未来。他们是独一无二、意义非凡的个体，对自己的价值和地位有着明确而坚定的认识。

西方社会的部分观察者并不十分看好儿童地位提升的现象。

他们担忧的是现代孩童轻慢无礼的品性（当然，亚里士多德也曾对孩童的这一品性吐露不满）。他们都对孩童的"早熟"表示遗憾，看不起那些未能妥善管教孩子的父母。这些人怀念曾经角色定位明确的时代；在那时，孩子们恪守本分，适度的严厉惩戒也不会引发政府层面的干预。

另一方面，也有一些人怀疑那些备受推崇的美好时光是否真像传说中的那样精彩绝伦。越来越多的人认识到"权力"与"正确"并不是天生一对，长辈们的见解也不总是最优解。人们渐渐明白，棍棒式的教育非但无益，反而可能适得其反，体罚这种教育手段未免过于严厉和偏激。更重要的是，在教育孩子成长的过程中，并非仅仅靠激励与惩罚就能一蹴而就。他们认为，让孩子们从小对自己的事情有发言权，实则是在为他们日后顺利步入现实生活提前做铺垫。

因此，在面对如何教育子女的问题上，如今许多父母都颇为困惑，难以找到恰当的平衡点。他们仿佛困于"宽容"与"威权"之间的沼泽地带，一方面渴望孩子能够独立自主，但另一方面又担忧孩子们犯错，所以左右为难：他们不希望自己严厉苛刻、刚愎自用，但也不愿因此导致孩子叛逆无礼；他们力图规避强势高压的教育方式，却又担心放任自流会让孩子消极怠惰、无所用心；他们渴望构建和谐良好的亲子关系，但不愿失去自己的原则和立场；他们不希望动辄嘶吼训斥，却仍期待自己的观点和建议能够得到孩子的理解和重视。

教育的关键在于拿捏平衡，但有时维持这样的平衡状态仿佛游走于刀刃之上,殊为不易。

幸而横亘在"严苛管教"与"过度纵容"之间的并非一片泥沼,而是一种伙伴关系。在这个纽带之中,合作的重要性超越了权力,成为维系伙伴关系的关键要素。它帮助父母与孩子建立起盟友般的关系,成为彼此的队友,而非对手。这种伙伴关系塑造了一种对父母和孩子都适宜的成长环境,给予彼此成长的空间,并为孩子筑牢根基,以便他们在未来展翅翱翔。

我们似乎在这里进行得有些过快了。携手共进的伙伴关系?和我的孩子?此言当真?

确乎如此。你或许未曾深思,在你的孩子呱呱坠地那一刻起,合作的序曲已然奏响。当孩子啼哭时,你会努力了解到底发生了什么,并尽力提供孩子需要的帮助。之后,你会根据孩子的反馈来判断自己的直觉或干预行为是否恰当,并适时进行调整。所以,你与孩子之间其实早已构筑了一段历时长久、互动紧密的合作伙伴关系。

在合作关系中,我是否依然具有权威?

答案是肯定的,在很大程度上是这样的。不是旧式的绝对权威的形象,但确实是一种不可或缺的权威角色。

事实证明,作为父母,你所渴望的是影响力而非控制力。获取影响力的途径并不单一,其实有两条并行之路:一条道路倚重于权力与约束；另一条道路致力于提高沟通能力，优化亲子关系，为孩子们将来面对真实世界中的种种挑战提前做好准备。正如你所想，本书聚焦于第二条路径。

好消息是，仅凭父母这一身份赋予的天然优势，你已握有影响力。坏消息是，这股影响力不如你预想般强大有力，一旦运用失当，反而可能导致其效力日渐式微。

另一则好消息是，你的孩子也同样渴求影响力。

这真的是好消息吗？

当然，这真是个好消息。你的孩子要想在尘世生活中活得好，就必须明白自己到底想要什么。然而，身为父母，仅因自己的孩子有所欲求便尽全力满足，并非教养子女的上策。因为，他也需要知道如何以一种灵活的方式追寻个人理想，并在逐梦途中顾及他人所需与所忧。智者希勒尔（Hillel）曾言："若我不为己身，又有何人为我？若仅为己身，我又何足道哉？"固然，希勒尔未曾详述如何调和二者矛盾。然而，引导孩子找到这其中的和谐平衡，父母责无旁贷。

与孩子建立合作伙伴关系，对许多父母而言确实颇为陌生和棘手。身为成人的我们，也往往对踏上未知之旅持审慎与疏离之态。若我们在教育路径上稍有偏差，则易于滑向权威主义和刻板教条的窠臼。此类做法背后不乏支撑的依据，它们或是源自育儿界的权威之声（视我们追随的对象而定），或是经典的某种选择性诠释。但努力构建合作型亲子关系极有可能使我们收获满满，在时光长河的某个回首之际，能满怀欣喜地回溯走过的悠悠岁月。

当前，人类在众多领域取得了前所未有的进步。我们驾驭了电力，拥有了智能手机与互联网。我们驯服了苍穹，将人类的足迹印在了月球，向行星世界伸出了探索之手。我们能够移植心脏、肝脏乃至四肢。我们能预防和治愈很多疾患，并能帮助那些早产数月的婴儿顽强地存活下来……

然而，我们在不知不觉中过度倚重权力与控制以求诸事迎刃而解，在教育这一关乎人类文明本质的重要领域内，我们实则尚处于漫漫长途的起点。而革新的起点，始于我们如何教育下一代。恰如希勒尔所警醒："若非此刻，更待何时？"

正如你在前言中所读到的，书中贯穿了几条不同的故事主线。每一条故事线都聚焦于一个不同的家庭，这些家庭的情境会映照出你即将学到的主题与策略。现在，我们来认识一下我们的首个家庭吧。

清晨时分，单亲妈妈丹尼斯正忙成一团。她得确保三个孩子按时出门上学，自己也要分秒必争赶去工作。丹尼斯的上司尽管表面展现得好像很善解人意，但他对迟到的员工向来并不宽容。

"汉克，快下来吃你的早餐！尼克，别做作业了，作业昨晚就该完成的，赶快去换衣服准备上学！夏洛特，请你关掉电视，把书包收拾好。校车可不会等你！我不知道强调多少回了，早上上学之前不能看电视！对了，还有那只狗，它到现在还没吃东西呢！"

丹尼斯的小女儿夏洛特慢吞吞地踱进厨房，嘴里嘟囔着："难道不能让别人早上喂狗吗？我这事情多得忙不过来啦！"

"行了，我来喂狗。"丹尼斯边说边给汉克的麦片粥里倒上牛奶，"你赶紧走吧，再不快点可真要错过校车了！今天我可没工夫再开车送你上学去！"

"我喜欢你开车送我去学校。"夏洛特说着，一屁股坐在厨房的椅子上。

"夏洛特，别坐下！"丹尼斯说，"我也乐意开车送你上学去，可你看现在都这么晚了。赶紧走吧！"

夏洛特刚起身，她哥哥汉克立马就坐下了，一边摆弄着早餐，一边还顺带着轻轻捏了捏妹妹的耳朵。

"妈妈！"

"汉克，别碰她！"丹尼斯吼道，"我可警告过你，再敢欺负你妹妹，小心你的游戏机遭殃！"

"早餐吃什么？"汉克咕哝着，显然还没睡醒。

丹尼斯把那碗麦片放在汉克面前。

"我能不吃麦片吗？"汉克抱怨道。

"今天只有这些。"

"那我就不吃早饭了。"

"冰箱里还剩些冻华夫饼，"丹尼斯说，"凑合吃行不？"

"不想吃。"

第一章 父母的困惑

"我可不希望你空着肚子就跑去上学。"丹尼斯说着,打开了一罐狗粮。

"是啊,我不饿。除了周末,你什么时间给我做过松饼?"

汉克从桌边站起来,离开了厨房。

"我不可能天天都给你们烤松饼!"丹尼斯大声抱怨着,"反正也没人真稀罕这玩意儿。尼克,别老盯着作业了,来不来点汉克没动过的麦片?"

尼克撇撇嘴:"谁知道汉克那碗麦片里是不是有他的唾沫星子。"

"对极了,窝囊废!"走廊那头传来汉克的喊声,"要知道,窝囊废可是得尝我那份'加料'麦片哦。"

"我才不吃呢。"尼克宣布。

丹尼斯叹了口气,把麦片倒进水槽,又给尼克舀了一碗新的麦片。

"我不用他吐过口水的碗!"

"没问题。我给你一个新碗。"丹尼斯把新的麦片和牛奶倒进另一个碗里,然后把狗粮搁在尼克跟前。

"真够恶心的!"丹尼斯还没察觉到失误,尼克就抱怨起来。

"哎呀!"丹尼斯赶紧把那碗狗粮换成麦片。

"可别把那玩意儿洒在我作业上!"尼克大声提醒着。

"我走了。"夏洛特在前面走廊喊道。

"再见,亲爱的,我爱你!"丹尼斯叫道。

过了一分钟,丹尼斯发现汉克静悄悄地走了。这当口,她又瞅见尼克那份麦片原封不动地搁在那儿。

"尼克,别再跟那堆烦人的作业纠缠了!"

尼克离开后,丹尼斯终于去上班了,跟平常一样,又晚了几分钟。她心里犯嘀咕:"为什么每天早晨都得重复前一天的节奏呢?生活就不能轻松点吗?"

02

RAISING HUMAN BEINGS

第二章
当矛盾发生时

正如你已了解到的,每个孩子都肩负着同样的使命:去探寻自我——发掘自己的才能、喜好、信念、价值观、个性,找到自己的目标、方向,接受自己是谁,追求并过上与自我身份相适应的、令自己满意的生活。这就是著名心理学家卡尔·罗杰斯所阐述的"自我实现"理念。

作为父母,你同样肩负着一项至关重要的职责:深入了解你的孩子,欣然接纳这一事实,并引导她寻找自己的生活节奏。请注意,你的任务并不是将孩子视为可随意塑造的黏土,根据你的期望去形塑之;实际上,孩子并非一块黏土,而你也绝非万能匠手。

然而,你也希望孩子从自己的经验、智慧和价值观中获益。换句话说,你想要影响孩子。这种影响力透过你的期望投射到诸多生活领域:孩子作为家庭成员的义务(包括家务责任、对家人的尊重与关爱等）、健康情况（包括卫生习惯、睡眠以及营养膳食等）、在学业上的追求（包括学习成绩、刻苦精神和学习习惯等）、社会角色（包括以礼待人、遵纪守法以及对社区的责任感），乃至最终实现个人的独立（具备谋生技能、独立生活的能力）。然而，你的期望不可流于空泛和盲目，它们务必贴合孩子所具备的技能、偏好、信仰、价值观以及个性，并与她的人生目标和前进方向（在此统称为特质）呼应。须知，你并非唯一对孩子寄予厚望之人，这个世界同样希望孩子们能攀登学术高峰、绽放社交魅力、恪守行为准则。

在孩子的人生旅途上，她的天性、你的期许与世界对她的需求和期望交织成一幅动态画卷。随着孩子茁壮成长，外界对她寄予的期盼与要求愈发繁复厚重。与此同时，孩子的个性也在岁月中蜕变升华。

在成长的大部分阶段，多数孩子能够妥善应对周围环境赋予他们的多种期望。然而，每个孩子都会有达不到要求的时候，有的孩子会面临更频繁的挑战。换言之，在某些时候，孩子的个性与外界对她的要求和期望之间会出现错位现象。

举例来说，如果教师在课堂上强调学生要保持专注、静坐听讲，而你的孩子容易分心、好动，或者对很多课程内容不太感兴趣，教师的期望与孩子的个性之间就会出现不协调。此时，若是孩子有着强烈的排除万难也要成功的动机，或者有急于赢得他人喜爱的欲望，或者具有无精打采时也能硬撑着集中精神的超能力，抑或孩子害怕看到你对着她差劲的成绩大发雷霆，那么她或许能够克服自己的心不在焉、狂躁好动和厌倦情绪。然而，如果你的孩子不具备上述特质中的任何一个或多个，这种教师期望和孩子特质之间的矛盾将会持续存在。

如果校车上的同龄孩童吵闹喧哗，而你的孩子却内敛羞涩、敏感细腻，那么，校车上的社交要求与孩子的社交应对能力之间就会形成一种难以调和的矛盾。倘若你的孩子能够对他人的嬉笑嘲讽泰然处之，或者能够与同样内向的小朋友相伴，她最终或许能缓解并战胜这种社交要求和自己个性之间的矛盾。反之，若孩子不具备这样的防卫意识，未能跨越这道社交鸿沟，那么这一困扰将延续下去。

同样，当数学作业堆积如山，孩子又因为对所讲内容一知半解而深陷作业难以完成的困境时，类似的矛盾就显现出来了。如果孩子能在面对难题时坚韧不拔，懂得适时求援，并具有即使初次求助未能奏效，也能持之以恒地继续寻找帮助的恒心和毅力，或者她能有幸遇见与学生心灵相通、能敏锐洞察学生的困惑，并且深谙教学辅导之道的良师，那么，孩子便有望突破这一困境。反之，此种矛盾恐将持续存在。

请注意，在刚才提及的事例中，处理矛盾并非孩子单方面的任务。有时，孩子需要与同行者共同破解难题；而你，作为同行者承担的至关重要的任务之一，就是成为孩子不可或缺的助手。

我们往往将"助手"一词赋予那些专门的从业者，如医生、心理咨询师和教育家；然而，在为人父母的角色中，你同样扮演

着一个助人成长的重要角色。正因如此,你应掌握这一角色的基本要义:

1. 助人者"助人"。换言之,助人者要遵从希波克拉底誓言:"不要让形势变坏。"
2. 助人者"脸皮要厚"。换言之,他们轻易不让外界事物扰乱内心。如此一来,他们就能时时客观,洞悉事态真相。助人者也有感情波动之时,却不轻易受其摆布。换言之,助人者要确保自身情感不会干扰到他人。
3. 助人者只有在真正被需要时才施以援手,如此他们才可以帮助受助者发展自立精神。

亲子路上坚守这些原则可能会充满挑战。因为人间至爱莫过于舐犊情深:自孩子嗷嗷待哺,你就为她深忧远虑;在她还是襁褓婴儿时,你就为她遮风挡雨。无论何时,你都不离不弃,相伴左右。养育孩子点亮了你人生最美好的时光。

同时,你也会面临重重考验。在某些艰难时刻,保持助人者的角色或许让你倍感压力,你甚至会想跳出"伙伴"的角色而直接施以援手。然而,坚守"身为伙伴"的初心,应该是你不懈追寻的担当。即使孩子未如所望,语出伤人;即使在孩子青春叛逆期,亲子间形似陌路;即使她明确表示不再想和你一起逛街玩耍,对你不再如她的同龄伙伴般亲近。但无论如何,你始终是那份不可或缺的陪伴力量。

当孩子本身的特质与世界对他的要求正好契合时,生活的压力会大为减轻——孩子也没有那么需要依赖伙伴。而两者之间的格格不入、矛盾重重则会给孩子和父母带来重重压力与严重困扰。

然而，恰恰是这种格格不入，催生孩子成长，锤炼他们坚毅的品质。

换句话说，世界对孩子的期望与孩子的特质之间的矛盾并不一定是坏事。实际上，在某些情况下大有裨益，因为矛盾本就无法避免，有时反倒是一桩幸事。而随矛盾产生的亲子冲突绝非有益，亦非必需。

为人父母都不愿意看见孩子在困境中挣扎。但要紧的是，你要仔细观察孩子是否需要你的帮助来化解矛盾，还是她自己能独立应对。为人父母的奥妙就在于，倘若孩子确实需要你的援助，你如何从容应对。

期望的开端

让我们稍微梳理一下：孩子的性情与世界的期盼，早在她诞生之时就深深交织在一起。外界究竟对婴儿寄予了何种期望与要求呢？

尽管不能详尽列举，尽管每个家庭与孩子面临的期望和需求各有不同，但以下这些对婴儿的期望是相似的：自我安抚的能力，调节和管理情绪的能力；摄取、消化食物的能力；建立规律睡眠的能力；适应感官世界的种种变化的能力（如对冷热、光线强弱、声音高低、环境变化等的感知）；可能还有独立入睡的能力，人际交往的能力（从最初与他人的稚嫩互动到随年岁增长获得的更为丰富细腻的互动能力）。

如果孩子从小就能游刃有余地应对这些需求，孩子的特质与外界期望之间的矛盾就不会滋生，他们的生活也能顺畅如意。而倘若孩子缺乏应对种种期望的技巧——或是被人称为个性古怪——或是无法顺应环境的期许，矛盾就会凸显，他们的生活也很难一帆风顺。

婴儿发现外界期望和自己的需求之间有矛盾时是如何表达的呢？在咿呀学语阶段，他们会采用非语言的沟通方式，例如嘹亮的啼哭、激动的尖叫、涨得通红的小脸、激动挥舞的肢体、突然的呕吐、呼吸紊乱和睡眠失衡等。若父母未能准确捕捉这些信息并及时给予抚慰，这种矛盾与不适就会愈演愈烈。

毋庸置疑，从婴儿期开始，孩子的特质与世界的期望之间或矛盾或融洽，永无止境地交织在一起。在孩子的成长过程中，各个紧要阶段犹如一道道易受冲击的脆弱关隘，在这些节点上，矛盾更容易滋生。例如，在蹒跚学步的孩提阶段，世界就期望这些小小的生命能用语言表达内心的需求、思考与困扰。如果孩子跟上节奏，学会表达需求，他们与世界就能和谐相处；反之，倘若他们不能顺应期望，掌握语言的艺术，或是环境的期望与要求本身就处于失序的状态，那么矛盾便会悄然而生。

当婴儿发育到 12~18 个月时，语言能力日益精进，行动能力也崭露新芽。父母欣喜于孩子语言能力和行动能力的发展，殊不知二者之间也潜藏着矛盾。我们要明白的是，在掌握语言能力与行动能力之前，孩子其实早已心中有数，他们知道自己想要什么，知道自己什么时候想要（通常就是此刻）。但正是语言能力与行动能力可以让他们明确表达自己需要什么。就某方面而言——特别是在孩子开始探索自我、接纳自我，并努力追求自己想要的生活时——能有自己的志向并为之奋斗，这是一种优秀的品质；然而，就另一方面来说，孩子的想法可能不合时宜，或者与现实情况相去甚远，甚至潜藏危机，这时父母的指导作用就变得至关重要。

　　蹒跚学步的婴幼儿是如何表达外界期望和自己需求之间的矛盾的呢？他们通常会借助一种特殊的"语言"——发脾气。令人惋惜的是，这一现象使孩子成长过程中的精彩瞬间，被贴上了负面标签——"可怕的两岁"。而身为父母，最不应当做的事情就是把孩子在技能、偏好、信念、价值观、性格、目标及发展方向等方面的早期表现视为恐怖之举。孩子发脾气，实际上是在表达自己，而不是有意挑战父母的权威。发脾气的孩子是要让父母明白她需要父母的帮助来理顺一些事情：这是对孩子展开教育、教授孩子一些重要技能的大好时机，比如如何延迟满足，如何有效抒发情绪，如何尊重他人需求，如何提高对挫折的容忍度，如何灵活应对变化以及如何合理解决问题等。孩子发脾气不一定是在争夺主导权。如果父母妥善引导，无论是"可怕的两岁""糟糕的三岁"，还是"折磨人的四岁"，乃至其后各阶段，都可以转化成促进孩子成长、学习和探索的关键时期。

在成长的下一阶段，当孩子步入三四岁时，他们就被要求能够静坐、能够保持较长时间的专注力、具有灵活适应环境的能力，并逐渐发展出更成熟细腻的社交能力。专注力与自我调节力包含在我们称为执行功能的能力范围之中，并占据着核心地位。培养孩子的这些能力，有利于孩子解决问题、有效应对挫折，以及提升适应能力、计划能力、控制冲动的能力和吃一堑长一智的能力。孩子要学习的社交技能也包括一系列能力，例如分享意识、融进集体的能力，展开会话的能力及以得体的方式展现自我的能力等，同时也要具有共情力、欣赏他人的能力，以及学会换位思考的能力。在孩子们的童年时期，无数额外的期望纷至沓来，比如，如厕训练；晚上按时就寝；提前做好上学准备；独立穿衣；克服分离焦虑；掌握拼写、写作、数学运算、阅读理解；完成家庭作业；参与体育锻炼；结识朋友；合理化解人际分歧；等等。当然，这些看似平淡无奇的内容仅仅是冰山一角，但内在矛盾如出一辙：如果一个孩子能够达成这些期望，她就能与其周围的世界和谐相处；反之，就会格格不入。

大一些的孩子如何表达外在期望和他们的内在特质之间存在矛盾呢？其实与幼时无异，他们往往通过噘嘴、怄气、回避、尖叫、咒骂、扔东西、摔门、撒谎或逃学等方式表达。在一些极端时刻，孩子可能会做出伤害自己或他人的行为来表达不满，比如打人、破坏财物、自残、催吐或酗酒等，甚至会更糟。当然还有很多其他的迹象证明这种矛盾的存在，如成绩差、不爱上学、没什么朋友、沉迷电子游戏等。

父母总是过于关注矛盾的迹象，即孩子的行为。众多心理专家也这么看。然而，正如疾病来临前体温会升高，孩子只是用行为来表达矛盾的存在。为了帮助孩子，父母需要高瞻远瞩，不仅看到行为，更要致力于解决导致这一行为产生的根源。行为问题恰似奔至下游的河流，明智之策在于溯流而上，化解导致行为问题的冲突因素。

当一个孩子长期表现出不当的行为时，她极有可能据此被精神科专家诊断为患有某一种或多种精神问题，而类似的行为标准还有很多。

我们应该就儿童精神疾病的诊断利弊展开探讨——不怕得罪人地说，我个人认为此类诊断往往弊大于利——有一个不容置疑的事实是：即使诊断认为外界期望和孩子的特质之间存在着某种不协调，大人也会把不协调的根源指向孩子本身，而不是去解决外界期望和孩子特质之间的协调问题。

顺便说一下，许多在成长过程中痛苦挣扎的孩子并没有被确诊为患有精神障碍。因此，在得出外界期望和孩子特质之间存在矛盾的结论之前，我们不应视精神诊断为唯一判断依据。

即使没有去精神科诊断，那些未能达到预期的孩子也常被加以不当之词以暗指问题出在孩子身上：缺乏动力、懒散、软弱、控制力强、固执己见、任性妄为、过度寻求关注、挑战底线、缺乏教养等。这些标签化的描述常常导致我们错误地认识那些未能符合期望的孩子。以下是一些典型的例子：

"她就喜欢把事情搞砸。"

"她老爱惹我生气。"

"她觉得我好糊弄。"

"她一副无所谓的样子。"

"她就是个问题孩子。"

"她根本没发挥出自己的真实水平。"

"我知道她能做到,但就是不用功。"

"她得振作起来。"

"得有人给那孩子加把劲儿,刺激下她。"

"看样子她是不撞南墙不回头啊!"

这些说法也让家长把重心放在纠正孩子上,而不是在如何促进外界期望和孩子内在特质之间的和谐上下功夫。

你

现在来聊聊你吧。想必你对孩子投注的每一份情感,都饱含深情。你想做个好家长,想把事都做对,想让孩子感受到爱、关心和保护。你希望她能健康成长,勇敢面对真实的世界。也许你希望按照自己小时候被教育的方式来育儿,又或许你想走一条不同的路。

在育儿方面,各家父母都有自己的一套,这些影响着亲子之间是和谐共处还是矛盾重重。下面列举一些最为关键的点:

- 如何对孩子的需求心领神会，回应迅速？
- 如何应对压力和挫败？
- 你的抗压能力如何？
- 你的耐心程度如何？
- 在和孩子的相处中，你渴望得到什么？
- 你设想中要和孩子建立什么样的亲子关系？
- 你想象中做父母是什么样子呢？
- 你怎样与孩子交流互动？
- 你打算花多少时间来陪孩子？
- 你多大程度上真正享受陪孩子一起玩耍？
- 有多少工作和其他日常琐事会干扰你陪伴孩子？
- 你是不是能意识到自己的行为对孩子造成的影响？
- 你有没有留意，自己给孩子设定的期望值是否切实可行？

你可能深有体会，在外在期望和孩子特质之间发生矛盾时，遭罪的可不只是孩子一个人。社会对父母的评判最为苛刻：他们一会儿被说成反复无常、消极被动、过于宽松、放任自流、不够严格、过分溺爱；一会儿又变成死板教条、软弱可欺、过度干涉、疏于照顾、过度保护、冷漠无情、不负责任。但是，将父母视为"问题所在"和将孩子视为"问题所在"一样没有根据，这只会让我们把罪责推卸给"问题父母"，而不是去促进亲子间的和谐相处。

汇聚点

现在是时候把各方因素一并考虑了：你的孩子，带着她的独特个性；你自己，揣着对她的各种期盼；还有这个世界，自有它的规矩和期望。这三股力量碰到一块，有时能磨合得来，有时却会掐架。我们也讨论过，当矛盾发生时如何应对才是关键，这决定了你和孩子能否携手共进，你能否成为一个称职的引路人，以及你的影响力是否真能发挥效用。

! 答疑解惑

问：我的孩子怎么会有这些特点？主要是天生的还是后天培养的？

答：归根结底，两个都是。孩子的能力——还有你自己的——既靠天生基因，又靠后天培养。

人们一般认为，遗传病带来的那些特性完全由先天决定。不过，表观遗传学研究表明，虽然孩子可能在基因上有缺陷，但到底会不会发病，还受到许多非遗传因素的影响。确实，在孕期甚至在受孕前，后天环境——比如母亲的压力水平以及摄入体内的各种好坏物质——就已经在子宫内产生影响了。并且，在孩子的一生中，周围环境始终在影响着他们。

人们也常常会想当然地认为，有些性格特征完全是由环境因素决定的。不可否认的是，创伤、冷漠、贫困、不和谐的家庭以及其他环境风险因素确实可能会加剧或促成某些特质,但它们并不是某些性格特征形成的唯一原因。这就解释了为什么来自同一艰苦社区或者相似家庭困境的孩子们,却能展现出迥然不同的性格特点。同样,经历过类似创伤事件的孩子们,其对创伤的反应及各自的结果也可能大相径庭。

实际上,你的孩子是一个多重特质的组合体,而这些特质是由环境和基因共同作用的结果。尽管我们想假装存在一条放之四海而皆准的有效答案,但要说清楚一个孩子为什么会变成这样,可没那么简单。比如,"她个头矮是因为她妈妈怀孕时抽烟",这说法太片面了;又如,"她行为不端是因为她父母管教无方",这种解释也不全面。至于"那孩子的基因很久以前就出了问题",也许有那么点道理,但你现在应该明白,事情远比这复杂得多。

问:期望与规则是殊途同归吗?

答:这两个词意思大致相同,不过"期望"这个词更有意义。当孩子们"违反规则"的时候,大人们的反应往往既死板又严厉,想强迫孩子守规矩。但是,如果我们把措辞换成孩子们"在达到期望上有困难",那么接下来——像你会看到的那样——我们应对的方式就丰富多了。

问:有些期望,孩子是不是非得达到不可呢?

答:你肯定真心希望孩子能够达到某些来自外界的期望。但如果这些期望跟孩子的个性不合拍,那硬逼她去达成只会加剧摩擦,反而会让你们离彼此支持的伙伴关系越来越远。

问：我从什么时候开始能和孩子建立伙伴关系呢？

答：其实，你早在孩子还是婴儿的时候，就已经在适应孩子的"小脾气"了。你的做法很大程度上取决于你是否能捕捉到孩子的细微需求，以及是否能体贴周到地满足这些需求。比如，是不是得轻轻摇晃，她才能进入梦乡？会不会稍微有点声响，她就从睡梦中惊醒？到底哪个时间段喂奶最合适？她是不是特别依恋怀抱？她是不是很喜欢紧挨着你睡觉？

没错，要成为对孩子有求必应、贴心靠谱的父母，你确实得付出大把的时间、精力，还得有坚持到底的毅力。当你决定当个家长的时候，就意味着你决定在一段时期内必须把孩子放在首位，这是你不可推卸的重任。要知道，孩子出生后的头三年，可是为他们长远发展打基础的关键期，所以真正能激发他们成长的不是那些电子屏幕，而是你的笑容、声音、陪伴、付出的时间、参与度以及对孩子的关注，这绝对是件大事。因此，不用太纠结是不是给予你孩子的关注和爱有点过多了。

在婴儿期，是不是应该让孩子知道这个世界并不总是可靠的，也不会有求必应呢？其实不是。因为她未来的人生还有很长时间来了解这些，她现在更需要的是一个值得信任的、会及时给予她关爱的温暖家庭，而不是你提供的、告诉她这个世界有多么险恶和不可预测的早期启蒙课程。换句话说，在她展翅飞翔之前，她需要稳定的基础。

问：关于"格格不入是一件好事"的观点，你能再多说些吗？

答：基于埃里克·艾里克森的研究，著名心理学家詹姆斯·马西亚进一步探讨了孩子成长过程中可能出现的四种结果，这取决于：①她是否积极探索自己的不同身份；②她是否更喜欢某一个特别的身份或自我认知（由一个人的技能、信仰、价值观、偏好、个性、目标和方向等构成）。

- "身份早闭"是指个体没有探索过自我身份或自我概念，就过早地依附于父母或其他权威人物的建议和要求。尽管这个人已经对某一个身份做出承诺，但这不是她自主探寻的结果。例如，一个人可能根据父母的期望选择某个职业和生活方式，但如果她有机会探索和选择不同的身份，她可能会走上截然相反的道路。
- "身份延缓"是指个体一直在寻找自身身份，但还没有对某些特定的信仰、价值观、偏好和目标做出承诺。例如，一个大学期间在八个不同专业中犹豫不决、从未确定下来自己专业的人，工作后也频繁地跳槽换工作。她仍在探索和寻找自己的身份认同。
- "身份扩散"是指一个人既没有尝试探索过身份问题，也未对特定意识形态和价值观做出承诺。这个人可能会感到沮丧或麻木，因为她不知道自己是谁，属于哪里，或者自己将走向何方。她甚至可能坠入深渊，比如犯罪或吸毒，有时候浑浑噩噩比寻找自己是谁容易多了。

- "身份获得"是指一个人经历了身份探索,已经形成了明确的自我概念和自我身份。她知道自己是谁,相信什么,要走向什么样的道路。

在马西亚看来,是什么促使一个人开始自我探索,最终确认自我身份呢?通常,我们通过危机来界定,如亲友离世、搬家、转学、被朋友拒绝、错失心仪学校的录取书、学业困难、感情危机、因犯罪而受到惩罚、失去工作或对工作感到厌倦、面临财务压力等。换句话说,在羽翼丰满前,孩子往往需要经历一番风雨。饶有趣味的是,许多危机的核心——猜猜是什么——正是外界期望与自己特质之间的矛盾与冲突。正如戴维·布鲁克斯在其著作《品格之路》中所述,每一次的挣扎都会留下痕迹;经历这些挣扎的人因此更加沉稳与深刻。

身为父母,你是不是应该故意给孩子找点"麻烦",让他们不断成长,学会树立信念和价值观,学会设定目标、认识到自己的优势与弱点,并朝着正确的方向迈进呢?并非如此。你没有必要人为地制造矛盾,因为生活中矛盾本就不可避免。你是不是觉得要让孩子的生活顺风顺水,替他们扫平所有潜在的挑战呢?同样不是这样。过于追求平顺,恐怕会适得其反。在这个竞争激烈的世界里,你真的能做到看着孩子摔跟头吗?在这样竞争激烈的世界,她最好在哪里跌倒就在哪里爬起来,毕竟你不可能永远做她的避风港。

问：到现在为止，我能理解所读到的育儿之道，但我从没想过，身为父母要考虑这么多。当年父母抚育我长大时，也不见得考虑得如此周全。不过他们虽没有事事尽善，我也健康长大了。不禁想问问，身为父母是否有必要如此殚精竭虑？我真的在努力成为完美的父母吗？

答：我们无须苛求自己成为十全十美的父母，毕竟很难办到。我们也不必在如何教育孩子上犹豫不决。我们应将重心落于自己在孩子世界中的角色定位，思考如何以最佳方式施加积极影响，并培养孩子我们最看重的那些品质。

问：感觉全世界对孩子提出的要求和期望都呈现出越来越早的趋势，你是不是也这么觉得？

答：我当然会这么想。现如今，我们不得不紧随他人的步履，不仅是身边的邻居，哪怕是远至芬兰这样的异邦也得比一比——他们的孩童在学术测评与成就上屡屡超越我们的子女。然而，我们必须清醒地认识到，若我们揠苗助长，无疑是在增大孩子的内心不适。虽然不少孩子看似能够迎接这种超前和高强度的技能训练（尽管这可能意味着他们将承受更多的焦虑与压力），但现实状况不容忽视：越来越多的孩子很难跟上节拍。

这一章我们谈论了不少内容。在继续探索新的家庭故事之前，先让我为你提炼刚才所阅读篇章中的核心要点。

- 孩子的成长旅途，也是父母的任务：引导孩子探索自我，学会接纳自我，并以此为根基，追求和践行满意的人生。但同时，你也渴望用自身的阅历、智慧和价值观对孩子产生积极的影响。如何在这两者间找到平衡点，正是这场挑战的核心。

- 你的影响是通过期望来体现的。当孩子能够达成你的期望时，你们的亲子关系就会和谐；一旦她未能达成你的期望，你们的亲子关系就会失谐。
- 当面临不和谐的局面时，你所采取的应对措施将对亲子关系产生深远的影响。它不仅左右着你和孩子之间沟通的状态，更关乎你的影响力是否深入人心。
- 不和谐并非坏事，恰恰相反，它是促使孩子成长的星星之火。而且，它也是无法避免的人生常态。

丹·费辛格的一天终于在晚上 8∶30 结束了。他所在的律所虽小却广受欢迎，他已经接连不断地开了 7 个小时的证人陈述会议。大部分时间，他都在跟那些对手律师斗智斗勇，不过，这是他作为诉讼律师的本职。当他准备离开办公室时，他看了看手机，发现有 6 个未接来电，是他的妻子克里斯汀打来的。他翻了个白眼。"肯定是泰勒那丫头的事，"他嘟囔着，说的是他 16 岁的女儿，"我现在还有力气应付这事儿吗？"

丹在之前那段婚姻里有两个孩子，他跟他们的关系一直挺好。虽然跟前两个孩子相比，女儿泰勒显得脾气暴躁，让人头疼，但他和泰勒的关系也还算融洽。不过，丹那种在家里避免争执的态

第二章 当矛盾发生时

度,跟妻子克里斯汀期望他在教育泰勒时展现的严父形象还是有很大差距。泰勒从生下来就让人费心,克里斯汀总是拉他一起管束。"我可不想让她离间咱俩,"克里斯汀总这么说,"咱们得统一战线。"最近这一阵子,泰勒明显跟丹的话更多,反而和克里斯汀交流少了些。

丹坐进车里准备开车回家,他深吸了一口气,鼓足勇气给妻子打电话。

电话一接通,克里斯汀就嚷道:"哎呀,你跟泰勒一个样儿!你们都不接手机!你跑哪儿去了?"

"从下午1:00开始我就没歇过,泰勒也没接电话吗?"

"没有,"克里斯汀说,"我不知道她在哪儿。"

"那可能她在图书馆呢。"丹猜测着。

"她才没在图书馆!"克里斯汀嗤之以鼻,"每次看到是我打的电话,她从来都不接!八成是在斯科特家。"斯科特是泰勒的一个朋友。"而且我敢打赌他父母肯定不在家。"

"你试过打他家电话了吗?"

"那儿也没人接。哎呀,这真把我气炸了!大半的时间我都不知道她在哪儿鬼混!"

"她还是挺懂事的。"丹一边说,一边又害怕接下来克里斯汀会歇斯底里。

"丹,她根本就没谱儿!这就是为什么我得像老鹰一样盯着她!"

丹差点儿想说,像老鹰那样监视着泰勒,兴许就是她不接你电话的原因，但想想还是忍住了。这简直就像走钢丝，丹心里琢磨着：叛逆的女儿，紧张兮兮、焦虑不安的妻子。比起处理这种事，连开7个小时的会议都算轻松了。"我想她应该很快就会回来吧。"

"所以就等她自己回来吗？"

"我不知道你希望我说什么好。"

"今晚新闻里我看到一个报道，有个应用软件能让我在她不接电话时直接关掉她的手机。我现在就装上，我要把她禁足。"

丹心想，好极了，这真是以牙还牙。

克里斯汀是在寻求支持，而不是沉默。"我们得统一意见，"她强调，"你觉得呢？"

"谁的意见？"丹心想。他回答说："老实跟你说，我现在脑袋都有点懵了。咱们能等我吃完晚饭再讨论这个问题吗？"

"那你最好赶紧回家吃饭，"克里斯汀说，"因为那孩子进门后情况可不会好看。"

03

RAISING HUMAN BEINGS

第三章

旧招数

想要对付一个麻烦的小孩，该从何入手呢？咱们来细数可行的招数吧！不过，在这之前，咱们得先探讨一下这些方法背后的观念。

当孩子难以满足大人们的期望时，很多大人心中的想法是：一个人只要够拼，任何事都能完成。顺着这思路，又牵出另一层意思：若是孩子不能完成某个目标，一定是他不够努力。还有一点，孩子要是达不到外界期望，家长会觉得脸上无光。

于是，这些想法驱使父母们不停地催促、给孩子施压，要求孩子加倍努力。然而，这种做法只会抽去孩子的内驱力和适应力。我们来看看家长是怎么"催促"和"威逼"的：

直截了当地告诉孩子他没达到期望

家长：萨姆，你这学期的数学成绩怎么回事？你真得加把劲儿提高一下了。

当然，告诉孩子你的期望，并让他知道他有什么不足，这没什么不对。一部分孩子会受到激励，更加专注或加倍努力，从而改善现状。但对于很多孩子来说，简单的提醒可能起不到作用。检验这一点的标准很简单：如果你发现自己常常对孩子唠叨同一个期望，那显然这种方式不管用。不要觉得不停提醒——以唠叨或催促的形式——能解决问题。也许萨姆还没真正意识到数学成绩优异的重要性……

解释达成期望的重要性

这一策略旨在将你的智慧和经验传授给孩子。例如，

家长：萨姆，你必须在数学上跟上进度，因为你现在所学的内容正是下个学期学习内容的基础。

萨姆：我知道。

他真的知道吗？如果他已经了解这一点，那么多说也无益。也许他需要的是一股推力……

逼迫（坚持要求孩子达到期望）

家长：嘿，你要表现得比现在更好才行。

萨姆：我知道，我也在努力，但真的挺难。

越来越紧迫地催促——催促的方式多种多样，从一数到三就是其中一种——常用来对付那些达不到期望的孩子。有时候，强硬的态度会让有些孩子发生改变。不过也有很多孩子并不买账。越用力，越会养出叛逆的孩子。我们之所以明白这个道理，是因

为孩子们在不断施加的压力面前（例如从一数到三）常常做出对抗性举动。可能我们忽略了萨姆给我们的暗示，他大概在说数学真的很难。当时我们一心只想着满足期望，却忽视了也许他真正需要的是一些支持……

加油打气

家长：加油，我知道你能行！你真的很聪明！

我们不得不欣赏这份热情和乐观。有时候，这种劲头和乐观确实有点用。但很多时候却并非如此，因为光凭这些并不能根本改善萨姆的数学成绩。

旁敲侧击

家长：哎，这可太离谱了！我都不知道该怎么做才能让你的数学成绩提高！我知道你行的，以前你能做得很好。赶紧振作起来吧！

这里的逻辑是萨姆之前能做对数学题，他现在也一定能做对数学题。但很明显，萨姆大多数时候对数学很头疼，那我们为什么非得认为他能一直轻松应对数学呢？归根到底，他还得继续努力。也许是时候你要出手管管了……

为孩子排忧解难

家长：好吧，那你放学后留下来，让达安杰洛老师给你额外辅导。

萨姆：我找她辅导过了！她帮不上忙！

硬给孩子安排解决方案,听着很靠谱,这招也确实常用。可问题是,硬塞给孩子的解决办法往往就像瞎猫碰到死耗子,毕竟我们还没搞明白到底是什么阻碍了萨姆在数学上的进步。要想找到长久有效的方法,最好先搞清楚问题的症结。

假设萨姆听了家长的,按他们的办法来。那我们就快进几个月,看看下一张成绩单会发生什么:

家长:萨姆,你数学成绩还是不行啊。

萨姆:我也知道,我还是不懂。

看上去家长的办法没起作用。结果虽然不是灾难性的,但这种情况是可以预见的。单方面拍板的解决方案经常是以搞砸的方式收场。那接下来该怎么办呢?

立规矩第一招:设定奖励

家长:要是这学期你的数学成绩能到B,我们就给你买你一直想要的电子游戏,怎么样?它叫什么来着?

萨姆:《刺客信条》?

家长:你觉得怎么样?!

萨姆:好啊,我一直都想要《刺客信条》!

萨姆确实很想要那款游戏。不过,我们还是不清楚他在数学上到底遇到了什么问题。或许一个诱人的奖励能短暂地让他表现好起来,不过这种情况很可能——你自己说不定就有过类似经历——并不能一劳永逸。

现在怎么办呢?其实,在处理后果这方面,你还有别的招……

立规矩第二招：惩罚

家长：萨姆，为了帮你提高数学成绩，我真是想尽了办法！你不愿意接受达安杰洛老师的帮助，所以我亲自辅导你。我还告诉你说只要你成绩有所提升，我甚至可以给你买款新游戏。可我说这些有什么用呢！要是这学期你的数学成绩还达不到 B，我就把你的所有电子游戏都收起来。

萨姆：这不公平！

惩罚和奖励一样，有时候能让孩子暂时表现好一点，但也只是暂时的。更关键的是，这两种方式都可能加深你与孩子之间的矛盾。现实中不少家长一看孩子没达到要求，就条件反射地想惩罚，好像除此之外就没其他法子了。

当然，以上提到的这些办法，实际上有的家长操作起来会过犹不及，比如扯着嗓子吼、威胁恐吓、责骂，还有更多其他贬低孩子的行为。他们误以为态度越强硬，孩子就越容易听话。可实际上，这样做不仅会让你在"风度"上失分，还会让孩子对你的信任度直线下降。

失去孩子的信任？我这还不是为了他好。

可能确实是这样，但对孩子来说，多"听听他的想法"可能比单纯地"讲道理"更有用。绝对值得一提的是，其实萨姆心里早就明白道理，父母希望他在数学上有进步。

但我们不是说对孩子要有"严厉的爱"吗？

那些口头上说给孩子"严厉的爱"的父母，常常是严的成分多，爱的成分少。爱当然是好的，但光靠爱解决不了实际问题。很多家长总是用那些老一套的方法，一遍又一遍地逼迫孩子达到自己的期待。他们说自己已经无计可施了。他们时不时地给孩子点奖励，过会儿失望了又将奖励夺走。他们老是惩罚孩子，有时候还拳打脚踢，边打边嘟囔自己真是没办法了。

这些办法往往不管用，甚至会适得其反，这其中是有道理的。倘若我们把萨姆数学不好的原因错误地归因于他不够勤奋，那么无论我们如何苦心孤诣地催促他下更大的功夫学数学，都会徒劳无功。实际上，这些做法很可能会让局面以各种方式恶化下去。毕竟，萨姆也在苦恼自己的数学成绩怎么总是上不去。除非是他对学好数学不抱希望了，甚至决定放弃数学，那样的话或许他就不会像现在这样不开心。然而，如果问题不在缺乏动力，此刻强行给予外在刺激，只会加剧萨姆的困扰：他对未能如期拿到奖励已经很不满，再屡遭责罚只会让他更焦躁不安。一个孩子如果被大人纠正和惩罚得太多了，他就会对那些大人强加给他的惩治措施习以为常、无动于衷。有些饱受惩罚的孩子甚至会倔强地证明给大人看：无论惩罚如何严厉，对他们而言都形同虚设。

再者，这些招数大多都是想逼孩子达到大人的期望。可问题是，不管是对小孩还是大人，强迫硬逼、呵斥惩罚都容易激发出人性里最不好的一面。更糟的是，如果你家孩子性格本来就倔，或者他纯粹是在学你的那一套,又或者他真的做不到你硬逼他做的事,那他很可能会用自己仅有的力量去跟你叫板,这就导致了大家常说的"权力之争"。权力之争的核心就是分出胜负,换句话说,这就是一场非赢即输的较量。可实际上,在权力斗争中没人能真正获胜;看似有人赢了,只是因为他们暂时占了上风。不管是对你还是你的孩子(至少有时候可能是孩子),这种斗争毫无意义。

没意义?

确实没意义。在权力斗争中,权力就像是硬通货——尤其是独裁王国里的硬通货——但权力并不能永久性地解决问题。在养育领域里,权力可不是通行的货币;在那里,你依赖的是其他货币:信息和合作。

信息?

信息可是敲门砖。想象一下,如果我们不主动把萨姆在数学上遇到困难归咎于他不用功、没动力……而是把他在数学上的差劲表现看成是他的天性(包括他的技能)与数学课程的要求和期望之间的冲突……那我们就立马明白,为什么讲道理、加油鼓劲、安慰、解释、硬逼、唠叨、催促、冷嘲热讽、奖励、惩罚、责骂甚至大吼大叫这些招数都解决不了问题。就算我们想破头,只要还没弄清楚萨姆在数学上碰到了什么坎,这个问题就还是老样子。

还有合作？

合作同样至关重要。大人常常想对孩子做点什么来解决问题，其实更有效的方法是与孩子合作。最后，家长的策略往往落在让孩子依赖外界因素来产生奋斗的驱动力。但家长并不希望孩子总是依赖外界因素，更希望孩子能自己给自己加油。

如果强行把家长的观念灌输给孩子，孩子很可能会产生反感。有影响力的教育在于巧妙化解分歧，引导孩子挖掘自我价值观，并在其中融入家长的一些见解。激发孩子关注其内心的罗盘——即他们自身的思想脉络，这才是帮孩子做出正确选择的更可靠的办法。正如前面所述，惩罚实际上可能妨碍孩子倾听内心的声音；很多时候，他们对惩罚者的不满——或者仅仅是"别被逮到"的心态——反而成了他们的首要关注点。

本书主旨

现在让我们来适时地揭示这部作品的核心要旨：

孩子能行，就会做好

这个观念认为，如果你的孩子能做好，他自然会表现得好。如果孩子表现不佳，没能达到某个期望，那作为家长，你的任务就是要弄清楚原因，要将"动力不足"这一项很多家长优先考虑的原因降至最低，甚至不妨从考虑的范畴中彻底摒弃。因为缺乏动力从来都不能令人信服。如果你自己琢磨不透这一点，那么你有责任去寻求帮助。

接下来是一个与此密切相关且同样重要的主题：

孩子当然想做得很棒

社会往往以丰厚的回报回馈卓越之人。通常情况下，表现优秀所获得的奖励的吸引力会大大超越表现不好所带来的刺激。认为孩子未能达成预期必然是缺乏动力的假设未免有失偏颇。这就好比，技能如同火车头的引擎，驱动前行；而动机则仿佛车尾的守望者，居于末端。

还有一点：

优秀的养育之道在于专注"自己手中的牌"

在孩子成长的每一步，你都会关注孩子达到了哪些期望，或未达到哪些期望，他难以实现的期望是否合理，并力求把他的个性与你的智慧、经验和价值观融汇交织。他人孩子的成功令人欣喜，但这与你的孩子和孩子无法达到期望的事实关系不大。尽管我们都容易被他人的"一手好牌"所吸引，但在养育自己孩子的过程中，若你能专注于"自己手中的牌"，那么你和孩子将更好地共同成长。

我得说明，"孩子能做就会做好"的这个道理，放到家长身上也同样适用。事实证明，如果家长能做的话，也会做得很好。

> **答疑解惑**

问：作为孩子的家长，难道我不应该对他最终的样子负责吗？

答：正如你所了解的，你的孩子并非一张白纸任由图画，他一出现就是一个独立个体。这就意味着你对孩子最终成长结果的控制力可能没有你想的那么大。你的责任在于积极顺应现实，以真正能影响人心的方式影响孩子，并以双方都满意的方式化解分歧。

问：那么，家长定的规则在当今育儿过程中不再算数了吗？

答：关键的问题在于，你是否需要靠自己设定的规则来约束孩子。像小贴纸、金钱上的奖励、金钱上的惩罚、罚站、禁足等手段——我有时把它们称作非自然的或人为的规则——实际只起到两个作用：让孩子意识到自己未达到某个既定标准（这点或许你可以直接与他沟通，他可能也心里有数），然后激励他朝着这个方向努力（若孩子具备条件，那他就有了内在动力）。然而，当有某种因素阻碍了他达到这个期望时，你就需要知道到底是什么原因，而这些规则并不能使你洞察一切。实际上，这些规则甚至可能导致沟通交流更加棘手。孩子在担忧家长发火或遭受惩罚时，往往不愿坦诚交流。

我有必要强调，在大人定的惩治规则之外，还有自然产生的惩治规则，比如孩子成绩不理想、感觉难堪和尴尬或与心仪团队失之交臂等，这些自然的惩治规则往往影响深远，极具说服力，而且同样是孩子人生中难以避免的一部分。令人困惑的是，既然这些强大而有说服力的自然规则效果都不如人意，为什么还有那么多家长要额外设定规则呢？真相是，孩子需要从家长那里学到的是别的东西。

问：我觉得，如果不设规矩，那么我说的话他们就听不进去。

答：如果你想表达的是你担心孩子达不到你的期望，而且你真的想要他重视并解决这个问题，还有别的办法能帮到你。下一章，你将学到其他方法。

问：难道规则不需要立刻执行吗？

答：我们中许多人被教导说，家长制定的规则必须立即执行，这样才能让孩子明确自己的行为和规则之间的联系。但这样做容易让家长陷入两个误区：①只注重孩子的行为本身，却忽略了那些导致这些行为的矛盾议题；②匆忙下结论并采取措施。但家长的规则并不能解决这些矛盾；要有效解决矛盾，家长应该做的是积极面对，而不是临时抱佛脚。不管规则是否应立即被执行，在大部分情况下，家长制定的规则都是不必要的，而且在很多时候还会适得其反。

问：这么说，孩子如果做了我希望他完成的事，比如家务，我就不该奖励他了？

答：如果你是想要让他明白帮忙做家务是作为家庭一分子应

尽的义务，那就不必奖励他了；或者你想让他知道，做正确的事不总是有外在奖励；又或者你想了解他做家务时会遇到什么难题，那也别奖励他。

问：我有时会打孩子，但如今我越来越感觉，这种做法比本章里提到的很多管教手段还要极端。你怎么看？

答：在教育孩子的原则上，大多数人都能达成共识：我们会选择最温和的方法来影响和指导孩子。现在，越来越多的声音指出，体罚是最有害的教育手段。

现在有大量的研究证实了体罚造成的严重伤害。同时，一系列基于科学研究的各式育儿策略也比体罚的效果更胜一筹，对孩子的伤害也更小。许多国家已经认识到这一点：1979 年，瑞典率先立法禁止体罚孩童，随后有 49 个国家纷纷效仿。同时，包括美国儿科学会和美国儿童及青少年精神医学学会在内的诸多权威机构都呼吁家长们勿以体罚作为管教手段。

每个孩子都拥有独特的个性，因此，作为照看者，我们的责任是去寻找与之最适合、最有效的方式，将我们的经验、智慧和价值观传递给他们，而不是靠强制手段。

在 18 世纪，以利亚·本·所罗门写到，当孩子还小时，父母或许能把自己的意愿强加给孩子，强令他们违背本心行事。但终究有一天，孩子对父母的敬畏越来越少（这是不可避免的），他们就会偏离被强行设定的道路，因为那条路与他们的人生轨迹无法契合。

问：我爸妈打过我，但我长大后还挺好的。

答：你没事当然最好了。但打孩子其实没必要，而且这种做法是最有害的。

问：你不觉得让孩子学会担当、对自己的行为负责很重要吗？

答：很多时候，家长们所说的"让孩子负责"和"让他承担责任"，实际上就是在说"惩罚"。而且，当孩子没有达到家长的期望时，很多家长都会下意识地选择惩罚这条路。要是头一回惩罚没解决问题，家长们就会觉得惩罚得还不够重，所以会加大惩罚力度，用更严厉的惩罚方式。从长期来看，他们的辛苦付出带来的却是更多的烦恼与痛苦，实际的育儿成效并不大。如果孩子是以这种方式"承担责任"的，那他根本就没有参与到解决问题的过程中。但如果孩子能积极解决生活中的矛盾，和你一同努力改善现状，那么他就是在以更有意义的方式承担责任和学会担当。

让我们看看下面这个家庭。

天刚蒙蒙亮，凯拉结束了一夜的护士助理工作，回到了男友托尼的家。熬夜班、白天补觉，这可不是她心目中的理想生活，但毕竟工资还算旱涝保收。和托尼同住，原本也不在她的计划内，但她囊中羞涩。她跟托尼不住一起的时候，俩人相处得还挺融洽。但住在一起的时候，托尼在教育孩子方面的老派思想就让凯拉受不了：凯拉13岁的儿子布兰登，总能让托尼抓到机会批评她在教育方面的种种不是。抛开托尼那老一套的思想不说，她觉得让布兰登有个男人做榜样挺好的，托尼也确实带布兰登做了很多事，比如带他去看棒球比赛、一起看体育节目，还帮忙训练他的少年棒球队。尽管如此，她总是尽量赶回家叫布兰登起床去上学。要是让托尼来负责这个，那很快就乱套了。

她深吸一口气，走进了布兰登的房间准备叫醒他。"布兰登。"她轻声说，同时轻轻地拍打着他的背。

"嗯嗯。"传来一声迷糊的回答。

"布兰登，宝贝，你得起床去上学了。"

"再睡五分钟。"他嘟囔着。这已经算是挺给面子的回答了。

五分钟后，凯拉又叫了一次。

"布兰登，已经五分钟了，该起床了。我不想你迟到。"

"我今天不去了。"他嘟囔着，回到了老样子，翻了个身。

"布兰登，别闹了。我整夜都在工作，今天真不想这么跟你耗。"

"行了，那你就别管我了。"

"布兰登，我想睡觉。"

"你去睡吧，我马上就起。"

"你不起来我是不会睡的。"凯拉瞥了一眼卧室的门，祈祷托尼不要闯进来。

"晚点去也没事，"布兰登咕哝着，"我第一节课是自习。"

"如果学校觉得没关系，就不会每次在你迟到后都让你留堂了。快起床吧。"

"我需要休息一天，就一天。"

"布兰登，拜托了。我也不喜欢上夜班，但没办法，我得去。你也没得选，快起来吧。"

第三章　旧招数

布兰登没动弹一下。凯拉照旧迅速权衡了一下布兰登上学迟到和托尼生气的后果，觉得这两样都不是好事，她一把扯掉了布兰登床上的被子。

布兰登果然没让人失望，爆出一串粗口，然后托尼立刻就出现在房间里。"让他离我远点。"布兰登一边嘟囔着，一边把脚搭到地上，准备起床了。

"你又跟你妈为了起床的事闹别扭了？"托尼问。

"我要走了。"布兰登应道。

"我们这边儿还好啦。"凯拉说。

"听起来可不太顺利。"托尼斜眼看了看布兰登。

"他刚好准备去冲个澡。"凯拉说，看到布兰登往卧室门口慢悠悠地走去，她松了口气。

布兰登从门口经过托尼身边时，托尼扬起手假装要给他一下。

"别管他！"凯拉喊道，但随即意识到自己多此一举。

"你从他小时候就惯着他，"托尼说，"所以他才不听你的。这小子就吃硬不吃软。"

凯拉开始给布兰登的床换床单。"他就是早上起不来，"凯拉后悔又卷入了这种没完没了的争论，"打他一顿也没用。"

"要是我来管他一个星期，保准他早上起得比谁都早。"

凯拉不想火上浇油，如果她不搭话，他可能更快消停。

"瞧你，还给他铺床呢，"托尼讽刺地说，"搞得他像是住酒店似的。"

凯拉等着托尼照旧念叨那句话，果不其然。

043

"要是在我们家里长大，他五分钟都撑不下去。"

凯拉铺完床，朝浴室里的布兰登喊道："早餐想吃什么？"

"真是的，搞得跟豪华酒店一样。"托尼不满地嘟囔着，摇着头表示不屑。

RAISING HUMAN
BEINGS

第四章
你的选择

现在来具体聊聊你的孩子吧。想必你在读这些内容的时候就已经开始思考她的点点滴滴了。

当孩子方方面面达成了你的期望，你就会稍微松口气：她和兄弟姐妹和睦相处；她能按时完成作业，成绩优异；足球教练对她赞赏有加；她的生活习惯无可挑剔；她有朋友，笑容常挂脸上。但你也需要经常保持警惕，毕竟外界期望和孩子特质之间的矛盾一直都有，父慈子孝的好景不会常在。

你如何察觉到存在着矛盾呢？这通常挺明显的，就是当你发现孩子在达到某种期望有困难的时候。或许，她还会因为你用各种说服和施压策略强迫她达成期望（正如上一章提及的）而做出一些逆反行为。

所以，我们准备把孩子难以达成的期望当成亟须解决的问题，并把它们叫作"未解决的问题"。我们的当务之急是找出这些未解决的问题，你可能发现列个清单会很有帮助。这个清单十分关键——如果你不清楚孩子到底在达成哪些期望上遇到了困难，那么在需要解决矛盾时，你就不知道该从何处入手。

很多家长觉得列出这张清单挺难的。他们往往觉得说出孩子针对未解决的问题表现出的种种行为更容易。但要注意，这些行为并不是未解决的问题本身，而是这些问题的衍生品。为了帮助大家，这里列举一些未解决问题的简单例子：

放学后很难自己玩

很难和保姆待在一起

不愿上学

很难准时到校

早上起床上学很困难

晚上很难入睡

晚上很难自己睡

早上很难自己起床穿衣服

早上很难准备好上学

晚上睡觉很难不拖拉

很难做家务活儿（每项家务都能算是一个未解决的问题）

很难做完作业（每项作业都能算是一个未解决的难题）

很难和兄弟姐妹一起看电视

很难和兄弟姐妹分享玩具

很难睡觉前收拾玩具

第四章　你的选择

很难保持房间干净

很难清空洗碗机

很难和朋友轮流玩游戏

很难交朋友并保持友谊

很难参加朋友的生日派对

很难在车里坐得住

很难用儿童座椅或者系安全带

在超市购物时很难跟着父母

在外面玩耍时很难记得回家

很难和操场上的其他小孩玩

很难晚上遵守约定按时回家

很难健康饮食

很难睡眠良好

很难完成大学申请

很难有看电视和打游戏外的乐子

很难在吃晚饭时不看电视

很难参加足球训练

很难做到早上喂狗

很难做到周二倒垃圾

很难为了 SAT 认真复习

现在，你可能会觉得从宏观的角度来看，这个清单上的一些事项其实相当普通。你这么想是对的。尽管许多问题可能确实平淡无奇，但解决它们的方法却至关重要。

注意这些未解决问题的措辞特点：

- 绝大多数问题都包含"很难"二字。（以上所有未解决问题的英文句型都是以 difficult 开头的——译者注）
- 它们不包括孩子在面对这些问题时做出的任何挑战性行为（再次强调，那些是孩子的行为表现；你应该关注的是引发这些行为的问题）。
- 没有给出问题没得到解决的原因（她只是不在乎，她喜欢触怒我，她感到无聊，她懒惰，她焦虑，这是兄弟姐妹间的竞争，等等）。
- 它们是相当具体的，而不是笼统的（与他人相处困难是笼统的；就看哪个电视节目与兄弟达成一致是具体的）。

当你把和孩子谈论其面临的难题当作解决问题之旅的第一步时，你就会明白在我们说话时选词得当有多重要了。我们下一章会详细讨论这个话题。

如果你的孩子有时能达到某个期望，有时却不能，那么这依然是一个尚未解决的问题。也就是说，你所关注的并非仅限于那些一次也没达成的期望。孩子如果不能持续稳定地达成某种期待，这同样也构成了一个未解决的问题。

孩子有时候能做到，不就说明只要她想，她就能做到吗？

不是的，这根本证明不了这一点。这只能说明，在客观条件

第四章 你的选择

好的时候，孩子自然能做好；但客观条件差了，事情就变得棘手多了。所以，我们得更深入地去了解那些客观的外在因素。

这个清单可能会让一些家长感到头皮发麻，尤其是清楚地看到还有很多问题没解决。但是，哪怕这个清单再长，实际上你应该做的是稍微松一口气，因为至少你现在清楚了哪些难题是需要你和孩子一起攻克的。要是你跟孩子的关系陷入僵局，你却还摸不着头脑是哪些没解决的问题导致了危机，那种情况才更让人崩溃。如果你的清单很长，你可能会纳闷，怎么有这么多没解决的问题？嗯，可能是因为你解决问题的方式不太对；也有可能你一直想着去改变孩子的行为，却没去解决导致行为的根源问题。要知道，只致力于改变行为是治标不治本。

顺便提一下很重要的一点：把没解决的问题都列出来，最大的好处就是能让你主动出击去解决它们，而不是事到临头才慌忙应对。很多家长——不是说所有——在应对那些未解决的问题时，都是在火烧眉毛时临时抱佛脚。但如果想要彻底摆平这些问题，临时抱佛脚真的不是上佳的策略。

列好清单后，你得仔细想想，这些你期待孩子做到的事，她真的能行吗？换句话说，这些期望现实吗？她真的能搞定数学作业吗？扔垃圾的活儿能不能放心交给她？和哥哥一起看电视时，她能分享遥控器吗？吃饭时她能坐得住吗？她能按时起床准备上学吗？她能交到朋友并且保持友谊吗？注意了，你希望她做的和她真正能做到的是有差别的。仅仅是你想让她达到期望，不等于她就能做到。对很多家长来说，这两者的界限往往比较模糊。

孩子如果能做好某件事，当然会去做好这件事，她内心对优秀的渴望会在这里帮上大忙。我们得假设一下——这个假设对你很有好处——那就是你的孩子其实是想达到预期的，只是有些事情让她觉得有些吃力。你应该集中精力搞清楚到底是什么让她没能达到你对她的期待。

你怎么弄清楚呢？或许你得靠直觉，虽然父母的直觉并不像我们认为的那样准确和完美。或许老师、心理医生或医疗专家能凭借直觉或专业知识给点意见解决这些"未解之谜"，尽管他们的直觉和专业知识也可能出错。心理教育评估有时候也能提供一些有用的信息，说明孩子为什么在学习上、交朋友上或者达到你的期望上会遇到困难，不过这个评估也不总能说明一切。还有其他一些检查——比如关于过敏、血糖等方面的——它们能提供一些生理因素的信息，这些因素可能会影响孩子的注意力、精力水平或情绪，使她难以达到某些预期。

但按照这本书的建议，你获取主要信息的来源是你的孩子。

接下来，你得确定一下优先级。换句话说，你得决定先从哪些未解决的问题着手，因为一把抓反而会适得其反。同时处理太多问题，很容易导致一个都解决不了。如果你和孩子一起对付超过三个未解决的问题，那么你可能一次性承担的事情太多了。顺便提一句，你可以让孩子参与决定哪些问题应该先解决，这完全是没问题的。

铺垫了这么多，现在是时候开始考虑解决问题的方案了。你会发现，我们其实已经在不着痕迹地探讨这些选择了。

我设计了一个简单的理论框架，用来概述家长和其他孩童的照看者最常用来解决孩子问题的三个方法。虽然长期以来，我一直用这个框架分析"问题孩子"的行为，但它同样适用于那些行为更为正常的孩子。正如你读到的，行为上有问题的孩子和行为相对正常的孩子其实并没有太大的区别；前者只不过缺乏一些技能，在遇到不如意的事后反应比较激烈，而且往往有一堆未解决的问题。回到我的这三个方法，我分别把它们叫作方法 A、方法 B 和方法 C。

方法 A，是家长自己拿主意解决问题；方法 B，是家长和孩子一起头脑风暴，在协作中寻找答案；至于方法 C，是不断对问题做出调整和修改，或者先把问题暂时放一边，又或者先不插手，看看孩子是否能自己搞定。

顺便提一下，如果孩子已经做到了你所期待的，那你就没必要制订计划了，因为不存在什么问题需要解决。比如，如果你的孩子能按时高质量完成作业，那你就不需要一个计划，因为她已经达到了你的期望。要是你的孩子能按时起床去上学，你就不用制订计划，因为她已经完成了你的要求。如果你的孩子记得按时喂狗，那你也不需要什么计划，因为她也达到了你的预期。如果你的孩子能按照你的要求及时报备她的行踪，那这方面你也用不着制订计划。但要是孩子没完成作业、不肯起床、忘记喂狗，或者没有按照你的要求汇报行踪，那就说明有问题还没解决，这时候你才需要制订计划。

让我们进一步看看这三个方法。

方法 A

方法 A 就是家长单方面解决问题，这种方法很常见。用方法 A 解决问题的时候，都是由你来决定如何解决某个存在的问题，然后强迫孩子接受这个解决方法。"我已经决定……"这句话往往就是用方法 A 解决问题的标志。这里有几个例子：

"因为你做数学作业有困难，我决定了，你什么时候把数学作业做完，什么时候才能出去玩儿。"

"因为你晚上刷牙总是磨磨蹭蹭的，我决定了，晚上不刷完牙就不许你看电视或者玩电子游戏。"

"我看你早上起床去学校挺费劲的，我决定了，得跟你的足球教练说，你太累了，不能参加足球队了。"

"因为你老是不收拾玩具，我决定把它们全都收起来放储藏室。"

很多人觉得方法 A 就是解决孩子问题的最好办法。不过尽管它挺受欢迎，但实际上它并不是最佳选择。为什么呢？虽然方法 A 融入了你的经验、智慧和价值观，但它却完全忽略了孩子的存在。它抹杀了孩子的声音、顾虑、观点、信仰、价值观、喜好、个性、技能和目标。它传递出一个明确的信息：只有你的观点才是真正重要的，而孩子的观点则无须被听到或纳入考虑。这种做法把孩子可能想到的解决办法全给否定了，是明摆着告诉她只有你才有资格出主意。这样她就完全得依赖你帮她解决问题了。如果你一直对她的想法和观点毫不在乎，那她迟早也会对你的意见毫不在乎。这样一来，你对孩子的影响力也无从谈起。最终，她可能不愿意再跟你分享任何她的想法或者观点了，你们的沟通就会像隔着天堑一般。所以，虽然你确实有很多智慧、经验和价值观想要传授给孩子，但方法 A 可能真不是个好的选择。

有一点是可以肯定的：方法 A 完全违背了你想要和孩子建立合作伙伴关系的初衷。而且，如果孩子不情愿接受你的解决办法，这很可能让你们双方都表现出最糟糕的一面。实际上，方法 A 常常会导致问题此起彼伏地出现。

家长：你要是到约定时间不回家，我就没收你的手机。

孩子：要是你没收我的手机，我就算到了时间也不回家。

就算她表面上愿意接受你的解决办法，她也没学会如何解决那些影响她生活的问题。

用方法 A 得出的解决办法不仅片面，而且还存在诸多不足。当使用方法 A 的时候，你根本不去了解为什么孩子数学作业老做不完，为什么她睡前刷牙总拖拖拉拉，又或者是为什么她总是不告诉你她在哪儿。你只顾着逼孩子满足你的要求，将你的解决方案硬塞给她，要是你的这些招数不灵光，你就开始动用大人定的种种惩罚规则。

就像上一章我们从以利亚·本·所罗门那里了解到的，对付更小的孩子们，你是可以靠方法 A 的，因为跟他们相比，你身高马大，更有权威。但事实是你不可能永远比他们强大；你肯定也不希望和孩子的关系——或者你的影响力——只是建立在这么脆弱的基础上。在独裁王国里，争权夺利是常态；但在讲究合作的地界，这种做法基本没人买账。

现在让我们面对这个特别重要的问题：为什么孩子生活中出了问题，我们就容易和他们闹矛盾呢？答案得归结到我们解决问题的方式。事实上，处理这种矛盾，未必得搞成对抗式的斗争。孩子生活上的难题不必演化成冲突。育儿不是我们和孩子之间的较量。

那么，为什么大家都会首选方法 A 呢？这背后可能有各种原因推动：

- 对孩子没能达到某个期望而焦虑或生气。
- 担心孩子长期达不到期望会影响未来。
- 和其他可以轻松达到父母要求的孩子比较。
- 在意别人怎么看待孩子。
- 觉得必须立刻采取行动纠正孩子。
- 缺少其他解决方案。

很多家长都有类似上面的感受，但并不意味着他们就得选择方法 A。其实家长还有别的选择。

一开始，很多家长会觉得"对孩子有期望"或者"告诉孩子怎么做"就是采用了方法 A。这是很容易让人混淆的一点："对孩子有期望"（比如，你睡前得刷牙）并且表达出来是同一件事（再强调一次，如果这个期望实现了，那就没必要制订什么计划）；但如果孩子没达到期望，方法 A 意味着家长会更严苛地坚持对孩子的监督，或者用单方面的强制措施来威胁孩子（比如，不刷牙就不准看电视）。有期望是好事，尤其是那些现实可行的期望。但用方法 A 来应对未满足的期望，就不那么理想了。

我们得确保表述清楚这一点。在下面这些对话中，家长并没有采用方法 A，他们只是在表达自己的期望，而孩子也满足了家长的期望：

孩子（9 岁）：妈妈，我想去打耳洞。

妈妈（表达期望但没有使用方法 A）：我希望你能再大一点再去打耳洞。

孩子：多大呢？

妈妈：我不确定——也许 13 岁吧。

孩子：好的。

孩子（17 岁）：我能开车去乔治家吗？

父亲（表达期望和担忧但没有使用方法 A）：我不建议你去。路面结冰了，你还没有在这种情况下开过车呢。

孩子：哦……那你能送我过去吗？

父亲：当然可以。

孩子（17岁）：我今晚要去参加史蒂维家的派对。

家长（表达期望但没有使用方法A）：嗯，我在想你还有五份大学申请需要完成呢，两天后就要截止了。我觉得你今晚应该留在家里填写申请。

孩子：拜托了，我就去几个小时！

家长：我觉得这样不太好。派对以后多的是机会，可你的大学申请可就这两天了。

孩子：行吧。

现在我们来看一个在家庭中常见的使用方法A（及其后果）的例子。

丹还没打开前门就知道泰勒先到家了，因为屋里传来阵阵尖叫声。

"你被禁足了！"他听到克里斯汀喊道。（明确一下，这是克里斯汀对找不到泰勒的一种单方面措施。）

"你要干什么？把我锁在房间里吗？"泰勒尖声反击。

丹关上了前门。尖叫声停止了。然后他听到克里斯汀说："我们来看看爸爸怎么看这件事。"

"太好了。"丹嘟囔着，他的肚子也在"咕噜"叫着。他向厨房走去。泰勒截住了他，克里斯汀紧随其后。

"她一不高兴就下载应用锁我的手机！"泰勒说，"就因为我没接她电话。"（这又是针对同一个没解决的问题采取的单方面措施。）

第四章　你的选择

"我还是不知道她这两天去哪儿了！"克里斯汀辩解道，"我不能这么过日子！"

"你为什么不信我？"泰勒沮丧地举起手。

"丹，告诉她为什么我不信任她。"克里斯汀说。

"你们不介意我先放下公文包吧？"丹试图穿过厨房时说。他看着克里斯汀和泰勒又说："你们俩天天闹，还非把我夹在中间。"

"那你别夹在中间嘛，"克里斯汀说，"支持我一下。"

"他凭什么支持你啊？你是个巫婆。"泰勒说。

"我是个巫婆？巫婆会开车送女儿去跳芭蕾舞和去学街舞吗？巫婆会把女儿送去夏令营吗？巫婆会给女儿买爱莉安娜·格兰德的演唱会票吗？即使我是个巫婆，我也是好巫婆格琳达。"

"格琳达到底是谁啊？"泰勒追问。

"她是个北方好女巫，"丹一边解释，一边在冰箱里找东西，"《绿野仙踪》里的。"

"谁管该死的格琳达是谁啊！"克里斯汀大喊道。丹看着她，他确信自己刚才看到她耳朵里冒烟了。"重要的是，我有一半时间不知道我的女儿到哪儿去鬼混了，因为她不告诉我她去哪儿，也不接她那该死的手机！"

"我不接手机是因为你一天给我打五十个电话！"泰勒尖叫着回应。

"你是不是在爸爸面前夸张了点儿？"

"一点儿也没夸张。"泰勒气鼓鼓地说。

"那你去哪儿了？"丹问。

"我去了布鲁克家,我们在一起做物理项目。"

"你和布鲁克一起做项目?"克里斯汀问,"我怎么不知道这事儿?"

"我还有很多事情你都不知道。"

"那你为什么不接电话?"

"因为我不想你在我和布鲁克一起学习的时候打扰我。我屏蔽了你的电话。你只会烦我。这很尴尬。你觉得我是个不良少年。"

"你没去斯科特家?"

"我没去斯科特家!你为什么不去问布鲁克的妈妈我在哪儿?"

丹在冰箱里没找到什么好吃的,就开始剥香蕉。

"我才不会打电话给布鲁克的妈妈去确认你到底是不是在那里!"克里斯汀吼道,"那可就让天下人都知道了,我大多时候都不知道我女儿跑哪去了!"

"为什么你老想知道我在哪儿?我在哪儿,你不都照样找我茬儿!我做啥都不顺你的眼!"

就像某个开关突然被按下,克里斯汀的语气突然软了下来。"其实你做得挺好。我是担心你。"说着说着,克里斯汀眼圈都红了。

"别哭行不行!"泰勒恳求道。她看了看丹,接着说:"要是她哭起来,我就回布鲁克那儿去。"

丹停止吃东西,说道:"我觉得你俩今晚应该先歇歇。"

"她要关我手机吗?"泰勒问。

"手机的事咱们过会儿再说吧。"丹说。

"她最好别动我手机。"泰勒一边警告着,一边往自己的房间走去。

如果上面的这一切听起来很耳熟,那也许是因为方法 A 在父母中间太受欢迎了。而我们的目标是让父母尽量减少使用方法 A 来解决问题的概率。

是不是减少使用方法 A 就意味着父母要放弃对孩子的所有期望?当然不是。父母还是可以对孩子拥有挺多期望的,而且孩子也能满足父母的大部分期望。但如果父母的期望让孩子觉得挑战过大而难以达成,方法 A 就不是最佳选择。

如果作为家长的你不那么依赖方法 A,是否就意味着你只能在孩子遇到难题时袖手旁观,盲目乐观地盼着一切会好起来?当然不是,你有更大的影响力。养育孩子可不是在大吵大闹和彻底投降之间不断摇摆的平衡游戏。

在养育孩子的过程中,父母就完全不用考虑方法 A 了吗?并不是,它在某些(尤其是紧急的)情况下还是可以的,只是你无须经常用到它而已。

方法 B

方法 B 是和孩子一起合作解决问题。先给你提个醒:老一套的说法,以及很多流行的育儿书的作者和电视名人,可能都会劝你不要和孩子合作。毕竟,你才是掌舵人。但这本书里,"掌舵"的意思是：①你知道，如果孩子达不到某些预期，肯定是她遇到了某些障碍；②你也会明白，找出这个障碍是你的责任，而孩子往往能提供最有用的线索；③你擅长和孩子并肩作战，帮她解决问题。

方法 B 有三个关键阶段：共情阶段、解释大人的担忧阶段和邀请阶段。

1. 共情阶段就是认真听孩子的想法，了解他对某个未解决问题的担忧、观点或看法。
2. 解释大人的担忧阶段则是和孩子说说你对这个问题的担忧、观点或看法。
3. 邀请阶段是你和孩子一起讨论，力求找到一个双方都同意的解决方案，这个方案可以满足以下两点要求：①切实可行，大家都做得到；②能解决双方的担忧和顾虑。

在接下来的章节里，你将会通过阅读大量实例对这些阶段有更深入的了解。

很多人刚接触到方法 B 时，会误以为在碰到棘手问题的当下需要立马使用这个方法。其实那是"应急方案"，出状况的当下并不是解决问题的最好时机。因为在紧张的情况下，我们大多数人都无法做出最清晰的思考。

因为你已经列出了未解决问题的清单，现在你就能提前预见这些问题了。既然你已经决定了未解决的问题的重要等级，那就没必要等这些问题跳出来时才去想办法。问题不会凭空冒出——那只是在你还没列清单、还没定优先级的时候的感觉。我们的目标是在问题变得棘手之前就解决它们。这就是"主动出击的方法 B"。

比如，如果遇到孩子不给狗喂食这个难题，你最好在孩子承担喂狗任务前和她进行商讨，而不是在你忙着催促孩子上学的、手忙脚乱的清晨进行。如果问题是孩子没有办法完成数学作业，那么使用方法 B 进行商讨的最佳时机应该是在孩子还没开始为数学作业发愁之前。

不少家长发现，提前跟孩子定个时间聊聊怎么解决问题很有帮助。而且，提前告诉孩子要讨论什么问题也很有用。有的家庭认为每天或每周固定某个时间来聊聊孩子的问题很有好处。这样做可以确保父母和孩子之间的沟通与讨论成为家庭生活中的定期节目，以免大家忙起来就忘了。

方法 B 能解决很多事情。首先是共情阶段，它能帮你了解孩子为什么达不到某个期望，同时也能让你更了解孩子的技能、信念、价值观、喜好、性格、目标和发展方向。共情阶段确保了孩子的声音能被听见。解释大人的担忧阶段则确保孩子能从你的经验、智慧和价值观中受益。所以，你的声音也会被听到。而邀请阶段能帮你和孩子一起解决那些影响她生活的问题，还能顾及你们各自的烦心事。这是双赢。而等你翻到第九章，你会发现其实际效果比看上去要厉害多了。

我经常听孩子们抱怨他们的父母："他们从来不听我说话。"

而父母们则抱怨他们的孩子："他就是不跟我说话。"但当父母和孩子选择用方法 B 解决问题时，这样的牢骚就少多了。

方法 C

方法 C 包括修改、调整或暂时搁置一个还没解决的问题。它也意味着先不插手，看看你的孩子能不能独立解决某个问题。

很多父母一看到"搁置"两个字，就立马觉得方法 C 无非就是"屈服"。其实，"屈服"是你试图用方法 A 解决问题的后果——实行方法 A 时，因为孩子不接受你强加的解决方案，你不得不放弃。但方法 C 里的字母"C"并不代表投降（原文为 capitulating——译者注）或者退缩（原文为 caving——译者注）。

很多父母都认为自己最不能做的事就是对孩子的要求百依百顺。所以，他们不惜一切代价，随时都得提防着，千万不能对孩子服软。但其实，这种害怕向孩子妥协的心态，只在独裁王国里才会盛行。

当你使用方法 C 时，你就从独裁王国来到了合作王国，在这里，尊重孩子的意见、担忧、观点、信仰、价值观、偏好、个性、技能和目标具有很重要的意义（这种情况下，你根本就不算是在屈服）。方法 C 能让你更有弹性地顺应你面对的情况，是提高父母适应性的重要一环。这是一种有意识、经过深思熟虑的做法。

你可能因为各种原因选择方法 C：

其实你对自己的那个期望没那么在意。

很多父母一开始会全力以赴地想让孩子实现自己的某个期望，然而一旦他们进行反思，会发现其实自己并不太在意孩子能否达成这个期望。如果你对某个期望不是特别在乎，那就先放一放。

孩子（11 岁）：我不想再踢足球了。感觉没什么意思，而且我太忙了。

家长：确实，你挺忙的。但我不想看你就这样放弃。你踢得很好，而且跟布朗教练学了这么久。

孩子：我知道。但我想要专注于长曲棍球和美式足球。我没办法样样都做。

家长（心想）：他足球踢得确实不错……但他可能确实该专注于一两项运动了……他最近也一直说足球挺无聊的……

家长（说）：你说得有道理。如果你不想踢足球了也行。我们得想想怎么跟布朗教练说这件事比较好。

你选择不拿自己的经验、智慧和价值观来衡量孩子的决定，而是主动支持孩子发展自己的技能、信念、价值观、兴趣、个性和目标。

也许你确实在乎对孩子的某个期望，但你决定现在不去干预它，因为你尊重孩子的信念、价值观、兴趣、个性和目标。至少现在先放一放它（方法 C）。

孩子（15岁）：妈妈，我打算剪个莫霍克发型。

家长：啊？

孩子：我想把头发剪成莫霍克那样的鸡冠头。

家长：但你头发这么好看。

孩子：是啊，但鸡冠头很酷。足球队里也有几个伙伴剪了。

家长（心想）：剪个鸡冠头肯定会看起来很傻……但我猜这是队里的流行发型……至少不是打耳洞……

家长（说）：好吧。

你已经决定给孩子一个独立解决问题的机会。

你当然是关心孩子的，但孩子希望你不要插手，或者你想给她一个自己解决问题的机会。

家长：我收到你的历史老师发来的邮件了，她说你有些作业的进度落后了。

孩子（16岁）：她居然给你发邮件！

家长：嗯，她大概是想让我了解情况吧。

孩子：那你回复她了吗？

家长：还没呢，我想先和你聊聊。

孩子：太好了！

家长：你是不是有些作业没跟上进度啊？

孩子：有点儿。这学期我任务有点多，我会把它们都做完的。但我不需要你来帮忙，我自己能搞定。

家长：行，我也不想非得管这事儿。你准备找她谈谈？

孩子：会的，就是还没挤出时间来。

家长：好，有新动态跟我说一声。我还是得回复一下她的邮件，就说我们已经讨论过了，然后你会自己解决。

在孩子成长的这个阶段，你的某个期望是不现实的。

你确实在意某个你对孩子的期望，但你也看出来了，孩子现在还不能完全达到你的期望。光靠美好的愿望显然是没用的。你还是先放一放吧，至少暂时不要考虑（方法 C）。

家长：吉米邀请你周六晚上去他家过夜，你想不想去？

孩子（8 岁）：不想。我不想在外过夜。我从来没在外面过过夜。

家长：我知道，我想我们可以试试看。你觉得怎么样？

孩子：在他家睡觉我会害怕。我还担心万一我发生什么事怎么办。

家长：哦，你是担心会尿床吗？

孩子：对啊。

家长（心里想）：那对他来说会很尴尬……吉米的父母会怎么应对这情况，我也拿不准……

家长（说）：嗯，我理解。那我是不是应该告诉他的妈妈，你那天很愿意过去玩，但是不想过夜？

孩子：可以，但是别跟她说我会尿床的事。

家长：没问题。

你对孩子还有其他更重要的期望需要她先去实现。

如果你觉得孩子基本上能达到这个期望，但决定先关注其他更重要的事，那就暂时放下它（方法 C）。别忘了，如果你一次性解决太多问题，反而容易将所有事都搞砸。

家长：艾丽西亚，你记得我们说过要开始解决一些问题吧？我们准备讨论乘车时你和你妹妹谁坐前座的事……还得讨论一下你晚上玩手机太晚影响睡眠的问题……还得解决你和你弟弟看电视总吵架的事……我看这些事儿已经够我们头疼一阵了。要不这样，我们先不着急解决你吃饭的问题，等把其他问题解决得差不多了再来处理它，你觉得怎么样？

艾丽西亚：那我不用跟家人一起吃晚饭了？

家长：暂时不用……等我们把那些问题解决了再说。

有些家长很难暂时放宽要求。这通常是因为他们觉得每一个要求都特别重要。但事实上，不可能每个要求都重要，如果样样都重要，那也就意味着样样都不重要了。

这是另一个使用方法 C 的例子：

丹尼斯在地下室整理东西，偶然发现了一个满载孩子们儿时回忆的盒子。里面塞满了孩子们穿过的旧 T 恤、玩过的小玩具，连成绩单都还留着。她开始翻看尼克那些年的成绩单，不禁回想起他刚开始上学的那些年，那会儿她第一次意识到他在学习上不会一帆风顺。她还清楚地记得，有那么一晚——仿佛就在昨天似的——她的妈妈正在家里做客：

第四章 你的选择

尼克当时上二年级,正坐在厨房桌子前努力完成家庭作业。

"我不会做这个!"他在挣扎了一个多小时后说。

丹尼斯还记得,当时她想让尼克明白,咬牙坚持和拼命努力是多么重要。"别放弃,小伙子,肯定能行的。"她这么说。

"我不知道写什么!"尼克说。

"好吧,我可以告诉你写什么,但那样就成了我写作文,而不是你自己写作文了。"丹尼斯回答。

尼克突然眼圈红了,说道:"我不知道该用哪些词儿。"

丹尼斯看了看作业的要求,说:"你应该是要写两段关于你平时喜欢做的事情。加油,你能写出来。想想你平时喜欢干什么,你喜欢的活动有很多。"

"我就是不知道该用哪些词儿!"尼克大声说道。

这已经不是尼克第一次这么说了,但这一次,丹尼斯确实被他说的话打动了。她看到尼克面前的纸上还是一片空白。

"你说的不会用词儿是什么意思?"

"我想不出用什么词语来表达"尼克说。

"那你平常最喜欢做什么呢?"丹尼斯问。

"画画。"尼克回答。

"好,那就写画画。你为什么喜欢画画呢?"

"画画很有趣……而且没人会逼着你拼命努力。"尼克说。

"行吧,那就照这个写。"

"我不知道怎么开头,而且'画画'这个词儿我不会拼。"

"'画画'就是 d-r-a-w-i-n-g。你说的不知道怎么开头是什么意思？"

"我需要你帮我开个头。"尼克说。

"你是说第一句话？"丹尼斯有点困惑地问。

"对！"尼克松了口气，终于说明白了。

"比如，'画画是我最喜欢的活动'。"丹尼斯建议道。

尼克一边一笔一画地写下，一边问："然后怎么接着写？"

"你得写写你为什么喜欢画画。"丹尼斯说。

"给我几个词儿嘛。"尼克求助地说。

"那'这是我喜欢画画的几个理由'怎么样？"丹尼斯提了个建议。

尼克赶紧又写上了这句话。

丹尼斯的妈妈在厨房洗碗池那儿看了半天，忍不住插嘴："你打算帮他写完吗？"她问道。

"他在这儿磨蹭了一个小时，我真觉得没必要耗着。坐在那儿一个字也写不出来，这对他也没什么好处。"

"你打算一路跟他到大学去吗？在那儿也帮他写完所有东西？"丹尼斯的妈妈问道。

"妈，他还没上大学呢，他才二年级。也不是他不想做，他就是……不知道怎么写。"

"什么叫不知道怎么写？他肯定能行！"

"一到他有作业的时候，我们就得上演这出戏，"丹尼斯感叹，"我也越来越觉得有什么不正常。"

"要真是有问题，学校老师能看不出来吗？"

"我哪知道啊？但我明天得给他的老师打个电话。我想知道她是否知道我们每晚花多少时间在做作业上。"

丹尼斯忽然注意到尼克自己写了几句话。"现在能自己来了吧，小伙子？"她问。

"现在可以了。我只是需要人帮我起个头。"尼克回答说。

丹尼斯会一直降低期望，接受尼克不能自己完成作业吗？并不是。那什么时候她才会重新拾起对尼克的期望呢？那得等到她觉得他真有能力完成的时候。

再强调一遍，如果你真的在意某个未解决的问题，感觉有希望解决，而且事情挺急迫的，你也不想孩子自己孤军奋战，怎么办呢？用方法 B 解决问题。应该怎么做呢？你现在知道了三个阶段，但具体细节会在下一章详述。

! 答疑解惑

问：如果我真下定决心要解决问题，那就用方法 A，对吧？

答：你决心要解决问题，不代表方法 A 就是最好的办法，方法 B 也同样管用。

问：作为家长，果断行事不是我该做的吗？

答：别把"果断"理解为强行解决。如果你的果断能帮你认识到有问题需要解决，那才真的有用。

问：为什么不先从方法 A 开始，如果方法 A 不行再选择方法 B 呢？

答：你这说法好像是认为方法 A 更优越，应该是一开始解决问题的最佳选择。实际上，方法 B 才是更优选项，应该成为解决问题的首选。

问：那我用方法 B 的时候，是不是就显得我没什么威信了？

答：一点儿也不会。而且在这个过程中，你还多了一个合作伙伴。

问：我朋友说我是个"直升机式家长"，意思是在管孩子方面事无巨细。我就是希望一切顺利，这难道不好吗？

答：你希望孩子们好，这当然可以。你那份对孩子生活的关心也很让人佩服。但是，你不能永远在他们身边，所以让他们学会自己解决问题、独立规划人生也同样重要。而且，让他们开始独立思考，不依赖你，这也很关键，因为毕竟你不是他们，他们也不是你。

问：我的育儿观是"要不学会游泳要不就淹死"，这样直来直去难道不好吗？

答：如果你的孩子是个游泳高手，已经能对生活的各种波折应对自如，那当然没问题。但既然现在她遇到了大风大浪，感觉力不从心，那你可能需要拓展和丰富你的育儿观念了，你需要多学点招儿了。

问：让孩子有点怕父母，这不是挺好的吗？

答：很多孩子一开始是因为害怕才会乖乖听话。但是，害怕这东西是转瞬即逝的。等到害怕没了——而且早晚都会到这一步——他们就会迷失方向，因为他们从来没机会去思考和探索自己的价值观、喜好和信仰。他们的行为完全是被害怕左右的。说到底，家长们希望孩子们能向内探索，找到自己的人生方向。

问：是不是只有父母的期望会让孩子觉得不适应，还是说孩子自己对自己的期望也会让他们压力很大呢？

答：一般来说，是父母给孩子定下很多期望，尤其是孩子还小的时候。但孩子们也会有自己的目标，比如他们想跟谁做朋友、考试想拿多少分之类。如果他们做不到，那同样会出现期望和现实不符的问题，同样需要想办法解决这些问题。

布兰登放学回家前，凯拉正帮他把洗好的衣服叠放到衣柜里去。她往抽屉里放一件T恤时，瞥见了一张折起来的纸。原来是布兰登从学校带回来的学期成绩单。

她本以为成绩单还得过一阵子才发，哪知道已经发了。她边看布兰登的分数，边慢慢察觉到，布兰登可能是故意藏着成绩单。虽然布兰登别的科目成绩也不怎么样，可历史不及格简直是"压死骆驼的最后一根稻草"。凯拉在布兰登的床上坐下，开始读历史老师写的评语：

在这学期的两次重要考试中，布兰登的表现都有些令人失望——他的平均分只有47分。课上发言也不积极。布兰登需要在备考上多下功夫，上课前要做好准备，参与讨论。期待下个学期，他能展现出更加明显的进步。

"哎哟！"凯拉提高了声音，她有些吃惊。布兰登以前从没挂过科，他的努力也总是可圈可点的。但她的吃惊迅速转化为愤怒。"他居然把成绩单藏起来了？他以为我不会发现他历史挂科了？太离谱了。"她把成绩单折好塞进自己的口袋，边等布兰登放学回来边思考着，是儿子的成绩让她更恼火，还是他藏匿成绩单的做法？凯拉同时也盘算着怎么惩罚一下他才好。

15分钟后布兰登回到家，他一进门就感觉家里气氛不对。

"怎么了？"他问。

凯拉从口袋里掏出成绩单，举了举。"这个。"

"被你发现了。"

"你是藏起来的吗？"

"我是打算给你看的。"

"什么时候？等你历史又挂一次之后？"

"不是……"

"那是什么时候？"

"我也不知道……"

"嗯，现在我看到了。"

布兰登默不作声。

"你能告诉我你历史是怎么挂科的吗？"她问。

"我不知道。"

"你能告诉我为什么我之前不知道你历史不及格吗？"

第四章 你的选择

"我不想让你生气。"

"现在我可真的火大了。"

"我也不想让托尼知道。"

凯拉顿了一下。"是不是他帮你辅导家庭作业了?"

"我不要他帮忙。"

"你历史不及格还不想要他帮忙?"

"他就知道冲我嚷嚷,哪算是帮忙?"

"你怎么不告诉我?"

布兰登耸了耸肩。

"布兰登,你为什么不告诉我?"

"告诉你什么?"

"告诉我托尼没有帮你辅导作业。"

布兰登又耸了耸肩。

"你不觉得这种事我得知道吗?"

"我不想吵架。"

"你知道的,作业上我也帮不上你忙。你该写作业的时候,我一般都在医院工作呢。"

"我知道。"

俩人静静地对峙了一阵。

"我能回房间去吗?"布兰登问。

"这成绩单怎么办?"

"我不知道。"

那晚值班的时候,凯拉满脑子都是布兰登那张成绩单。

"你今晚怎么这么安静?"坐在护士站的另一个助理护士谢丽尔问。

"我脑子里乱七八糟的。"

"你在担心比森先生吗?"谢丽尔指的是那个刚从重症监护室转来他们这层的病人。"如果你想的话,我可以帮忙照顾他。"

"不,没事,我能搞定比森先生。我不是担心他。"

"哦,好吧。我也不是故意要打听。"谢丽尔转向了她的电脑屏幕。

"只是我儿子有点麻烦,我又不能帮忙,因为我得守在这儿。"

"什么麻烦?"

"他历史没及格,还瞒着我没给我看成绩单。"

谢丽尔那种"我了解"的神情并没能让凯拉心里好过点。"啊哈,是那种偷偷藏起来的成绩单吗?我也遇到过这种事。"

凯拉记得谢丽尔的孩子们都大了。"真的吗?"

"当然,有哪个孩子没有向父母隐瞒过成绩呢?"

"我家孩子以前从没这么干过,"凯拉说,"就这回。"

"你有问他这件事吗?"

"唉,说起来,我问他时跟提审罪犯似的。"

谢丽尔笑了笑,说道:"你当时一定气坏了。"

"气坏了?简直气炸了。我想让他生活得比我好。为了让布兰登能上好学校,我都搬去跟我男友一起住了。现在他不仅历史挂科,还将成绩单藏了起来。"

"那他怎么说的,为什么历史会挂呢?"

"他也没说什么。不过我觉得我也没给他太多机会开口。"

"这就是审问啊。"谢丽尔边说边笑。

"只是他不愿意让我的男朋友帮他写作业。他觉得我的男朋友就知道吼他。"

"这写作业的环境听着不怎么样啊。"谢丽尔说道。

"对啊,可我们也没别的办法,"凯拉说,"我几乎每晚都在这儿。作业也得晚上做。所以我也不知道该怎么办。"

"布兰登有没有说你应该怎么做?"

"他怎么可能知道怎么办呢?我才是家长。"

"是啊,但这并不意味着你是个天才……或者是读心术专家。关于孩子,我花了好长时间,吃了不少苦头才学会的一件事就是,我不必帮他们解决所有问题。而且,他们比我更清楚是什么阻碍了他们。"

"我没懂你的意思。"

"你只知道布兰登历史没及格,也不想要你的男朋友帮忙。但你不是真的知道他为什么会不及格。那你怎么可能知道该怎么解决呢?"

"你说我不知道他的历史为什么不及格是什么意思?他的老师说他就是不够努力。"

谢丽尔又笑着说:"老师们总是这么说!你可能得去问问布兰登。"

"我原本打算让他在历史成绩提上去之前都别想出门玩。"

"那能真正解决他历史挂科的问题吗?"

凯拉仔细想了想，说："嗯，他需要明白必须把历史成绩提上去。"

"我敢打赌他自己也想把历史成绩提上去！"

凯拉又琢磨了一下，问道："但你不觉得他需要我的帮助吗？"

"或许吧。但我不确定你想给的帮助是不是他需要的那种。"

这时 1212 房间的病人开始按呼叫铃。"是你负责的科恩太太。"谢丽尔说，"你要我去吗？"

凯拉回答："不，我去吧。她的问题通常都挺好解决的。对我来说换换脑子也挺好。"

在压力下，大多数人会首选方法 A。但是，既然待解决的问题是可预见的——毕竟你现在有了优先级清单——你就可以主动解决它们，这样你就不会经常处于压力之下了。此外，如果你和孩子建立了合作伙伴关系，解决问题就不会全部落在你一个人身上了，你会和孩子一起解决。最后，如果你没有从你的合作伙伴那里获得所需信息的话，你清单上的未解决问题很可能会一直待在那里。

RAISING HUMAN BEINGS

第五章
以合作的方式解决问题

为什么对很多大人来说跟孩子一起合作解决问题是件无比困难的事情呢?第一个原因是,让孩子按照父母的想法行事看上去更容易、更高效。但现在你明白了:父母一味坚持自己的意愿,要求孩子服从,并不是最理想的办法。如果你想和孩子并肩作战,这种方式行不通;如果你想培养孩子更积极的品质,这个方法也不行。而且说到底——也是理想的情况——他终有一天会厌烦你的强制性做法,拒绝给出正面回应。

但还有一个原因使合作解决问题变得困难:很多大人在这方面练习不多,因为他们是被那些擅长发号施令、坚持己见的父母养大的。所以,我们得让你多做练习。你的孩子也需要练习。毕竟,你们得一起面对这个问题。

正如你在上一章读到的,合作解决问题包括三个阶段:共情阶段、解释大人的担忧阶段和邀请阶段。现在我们来逐一详细了解。顺便提一句，这一章是整本书中最专业的部分，你可能需要读几遍才能消化其中的内容。

共情阶段：
孩子的心声要被听到（并被理解）

关于共情阶段，你已经知道个大概了：在孩子有棘手的难处时，共情阶段能帮助你收集信息，了解孩子对这些难处的担忧、观点或看法。你也知道了，你需要以积极的姿态尽量多地和孩子沟通。

就像大人一样，孩子们也有对他们而言无比重要且合情合理的担忧或顾虑：或许是饥饿与疲乏，或许是恐惧与渴望，或许是想要拥有某些物品或实现某些愿望，同时也想回避那些让他们感到畏惧、不适或缺乏自信的事物。在共情阶段，你需要做的是向孩子展示出你对他这些想法的真诚关心和浓厚兴趣。

在共情阶段，你并不是在教学。实际上，在这三个阶段中，你都不是在教学。而且，你也不要做出评判。最后，你不要重复大人面对忧心忡忡的孩子时常说的那些陈词滥调。

所以，当孩子说"我害怕，床底下有怪物"时，你不会回答"哎呀，别胡说，床底下哪有怪物"。如果孩子说"我的衬衫标签弄得我很痒"时，你也不会说"每件衬衫都有标签，你得适应"。还有，当孩子说"校车上别的孩子对我很不友好"时，"我觉得你得勇敢一点"也不是恰当的回答。当你这样回答的时候，孩子嘴里的嘟囔声，是在表达他们的担忧被忽略了、被看轻了、被否认了、被贬低了，甚至直接被你抹杀了。

不少大人总觉得没必要去深究孩子的心思，也不在乎他们的担忧和看法。所以，很多孩子习惯了被大人忽略、漠视、否定或不当回事。毕竟，大人总觉得对孩子的难题已经心里有数了，所以不想花精力去深入了解。我们有很多自己的担忧，急着想表达自己的看法，结果就常常忽视了孩子的想法。并且，我们早就想出了一些完美的方案（一旦我们已经决定了一个方案，就没必要再去探究、讨论或者与孩子一起合作寻找解决办法了）。

糟糕的是，我们经常误判孩子的那些担忧。所以，我们自以为是的妙计，往往并没有那么神奇。更糟糕的是，那些习惯了自己的担忧被忽视的孩子，往往对大人的关心不太买账。另外，像你读到的那样，如果你对孩子关心的事漠不关心，也不尝试去深入了解并彻底解决困扰孩子的问题，最终孩子可能就不会再跟你沟通了。这样的话，你失去了解决问题的伙伴，问题解决不了，你的影响力也会大打折扣。

那么，你该怎么做呢？当你使用"主动性的方法 B"时，信息的收集和理解过程的展开都会从探讨未解决的问题开始。探讨通常以"我注意到……"起，以"怎么了？"结束。在这两句话之间，你要插入一个待解决的问题。第四章中提到过要列出一些未解决的问题，如果你坚持使用这个指导原则，那这个流程就会容易得多。下面是一些例子：

"我注意到你最近上学前吃早饭好像挺勉强的,怎么了?"

"我注意到你最近和姐姐相处得不太融洽,怎么了?"

"我注意到你早上喂狗有点困难,怎么了?"

"我注意到你最近不太想坐校车,怎么了?"

"我注意到你最近晚上做数学作业挺吃力的,怎么了?"

"我注意到打电话给你,你都不怎么接,怎么了?"

"我注意到你好像不太愿意告诉我们你和谁在一起,或者你在哪里,怎么了?"

"我注意到你最近起床去学校有点困难,怎么了?"

注意,按照指南,这些介绍里不能涉及挑衅的行为(比如,尖叫、骂人、拧耳朵),也不能包含大人的猜测(比如,"因为你讨厌我"),而且要具体一些,不要泛泛而谈。按这些指导原则来做,可以让孩子觉得自己不那么容易惹上麻烦,也能降低他的防备心,使他更乐于与你交流。毕竟,共情阶段的关键就是收集信息,了解孩子对某个问题的担忧或看法。你当然非常希望你能和他好好沟通、坦诚相待,如果他闭口不谈,你就无法触及他的内心,问题也就得不到解决,困扰将会持续存在。

我得说,共情阶段中的开场白其实挺简单的,难的是接下来的部分。在你问"怎么了?"之后,可能会发生五种情况:

情况一:他说了些什么。

情况二:他不说话,或者说"我不知道"。

情况三:他说"这方面我没问题"。

情况四：他说"我现在不想谈论这件事。"

情况五：他变得有所戒备，可能会说"我没必要告诉你"（或者更糟糕）。

我们来具体分析一下这几种可能的情况。

情况一：他说了些什么。

如果问题提出来后，孩子能开口交流，那就是个好兆头。现在你需要让他继续说下去，因为他一开始的回答往往无法让你彻底理解他的担忧、看法或观点。你还需要深入了解，挖掘更多信息。

我将这一过程称作"信息淘金"，这对多数人而言其实挺难的，尤其在起步阶段，主要是因为他们不确定该问些什么。向孩子探寻信息的过程困难重重，很多选择方法 B 的父母因为半路遇到障碍而不得不选择放弃。然而，庆幸的是，一些策略能指引你驾驭这段探询之旅，让我们的方法 B 乘风破浪，继续前行。

首先，注意一下，这里说的是"询问"（drill），不是"盘问"（grill）。"询问"的主要目的是弄清事实，而"盘问"往往带有逼迫之意，或者说，这暗示了你认为孩子不会坦诚地和你交流，你甚至觉得他会撒谎。

你的目标是要向孩子表明，你去了解他的问题和想法的做法并不是出于虚伪或者敷衍。你是真的好奇……真的想去理解他。

其次,"询问"和"聊天"截然不同。有些家长经常和孩子谈话(或许更多的是自言自语),但从未真正理解孩子对某个未解决问题的担忧或困扰。相比于简单的聊天,询问要困难得多。

最后,询问在于聆听而非说教(不是试图对孩子进行课堂式的教学)或置之不理(例如忽略或贬低孩子提出的问题)。以下提出的一系列询问策略,将非常有效地帮助你做到这一点,它们不仅能让孩子感到自己的声音被倾听、理解和认可,还能鼓励孩子继续畅所欲言。

策略一:使用反思性倾听。比如,在你询问他和妹妹相处不好的原因时,他回答说:"因为我不喜欢她。"那么你可以回应道:"啊,你不喜欢她。"接着,你可以追加一个明确的问题,比如:"怎么会这样?""我不太明白?""我有点困惑?""你能多谈谈你的想法吗?"或者"你这么说是什么意思?"反思性倾听能很好地展现出你在倾听和理解对方,是一种高效且真诚的技巧。它能够鼓励你的孩子持续和你交流他的想法,帮助你获得更丰富的信息。反思性倾听当之无愧是你的首选策略。在共情阶段,如果你不确定该说些什么,运用反思性倾听是个万无一失的选择。

策略二:提出"W型问题"(谁、什么、哪里/什么时候)。这些问题同样能很好地证明你确实在倾听,并且需要获取更多信息。例如:"在校车上是谁让你感到不舒服?""是什么让你不愿意接电话?""你的姐姐在哪里/什么时候让你感到烦恼?"请记住,询问的目的是为了收集信息,而"W型问题"则是直接获取信息的简便方法。

请注意，还有一个"W 型问题"——为什么——而你不应该经常问"为什么"。通常，这个问题会使孩子说出似是而非的一套理论，很可能还是他们从大人那里学的。很久以前，我也会偶尔问孩子们"为什么"。有一次我问一个四岁的女孩为什么她在家里表现不好。她回答说："我这么做是为了得到'负强化'。"从那以后，我就尽量用其他的"W 型问题"了。我们大人往往还没等孩子回答完第一个问题，就准备好了下一个问题，或者是急切地想要给孩子提出（甚至是硬塞）自以为是的解决办法。这样做很容易让孩子觉得你并没有真正倾听或理解他们的想法。

策略三：关注那些影响未解决问题的不同情境。有时，孩子看上去好像具备满足我们的某些期待的能力，因为他偶尔做到过。可大人很容易就此下定论，认为孩子愿意做时就能做到，不愿做时就做不到。

事实是，类似的期望之间可能存在细微的差异，这就解释了为什么孩子的表现不一致。与其草率地归咎于动力不足——"我知道他愿意的时候是可以做数学题的！他昨天不是也做了吗？"——不如试着问问孩子的想法。别忘了，在琢磨这个问题的时候，你用不着读心术："所以，告诉我为什么你昨天做数学作业还游刃有余，今天就这么费劲？ 有时候你起床上学很容易，有时候就很困难。请帮我解释下原因。"

策略四：在孩子还没解决问题时，问问他当时在想些什么。这又是一个可以了解孩子对于某个未解决的问题的担忧、观点或视角的好方式。"你那会儿坐在桌前想要做数学作业,脑子里在想什么呢?"注意,你问的不是他的感受,并不是说问孩子感受有什么不对,只是如果他以"开心、难过、着急、难为情、无聊"等作答,通常也解释不了到底问题出在哪里,或者他对这事是怎么看的。注意,在这一步你也无须问他需要什么帮助——要是这么问,他很可能给出解决方案,而不是说出他的担忧。直到邀请阶段,各方面条件成熟后,你再开始思考解决方案。

策略五:将复杂的难题拆解为一个个小环节。大多数棘手的问题都由多个环节组成。举个例子,晚上准备睡觉就包括洗澡、刷牙、换睡衣、读书等一系列步骤。早上准备上学同样包括一系列步骤:按时起床、下床、刷牙、洗澡、挑选衣服、准备书包、吃早餐等。但有时孩子需要你帮助去识别这些组成部分,这样他才能准确找出出现问题的那个环节。

家长(引出):我注意到你早上挑选上学穿的衣服一直很困难。怎么回事?

孩子:我也不知道。

家长:你想一想好吗?

孩子(想了一会儿):我真的不知道。

家长:如果我们仔细思考一下挑选衣服需要考虑哪些方面,会不会有帮助?

孩子:好。

家长:嗯,我想你可能要根据当天天气来决定穿什么衣服。

这难吗？

孩子：不难。

家长：那根据当天天气选择衣服对你而言没有问题了吧？

孩子：没有。

家长：好的。另外你还要考虑自己是否喜欢这件衣服的样式。这方面难吗？

孩子：不难。

家长：所以，你在判断衣服好不好看方面也没有任何困扰了？

孩子：没有。

家长：好的，很高兴你知道这点。接下来，你要判断衣服穿在身上的感觉如何。这方面难吗？

孩子：难。

家长：哪里难呢？

孩子：我的很多衣服都很扎人，上面缝有标签，而且好多衣服太紧了，那些标签就总是扎我。所以，我总是找不到合适的衣服穿。

家长：原来如此。

策略六：提出不一致的观点。这包括提出一种与孩子所描述的特定情况不同的观点。这是所有询问策略中最具风险的一种，因为它可能导致孩子闭口不言。原因在于，许多孩子——尤其是那些经常被指责撒谎的孩子——很可能会将这种不一致的观点误认为是对他们诚信的质疑。幸运的是，你并没有指责他撒谎，你只是指出你的观点与他不同。你们之间的现实经验存在差异，这并不代表他在撒谎。例如，"我知道你说你和夏洛特现在相处得很好，但昨天早餐时你俩并不是很和睦。你觉得发生了什么事？"

策略七：暂时搁置某些问题（并询问对方其他的顾虑）。这个策略意在将孩子已经提出的一些担忧暂时放到一边，以便更好地探讨其他的问题。这不是忽视他们之前的担忧，而是暂时将它们放到次要位置，给探讨其他问题腾出空间。举个例子："如果我每天早上都给你做松饼吃，在你去学校前十分钟给你做好，你的弟弟妹妹也不会来烦你，那么上学前还有其他事情阻碍你吃早餐吗？"

策略八：总结（需要询问孩子是否还有其他的顾虑）。这是在进入解释大人的担忧阶段前总结孩子的顾虑的阶段，总结完后可以询问孩子是否还有其他没有提及的顾虑点。采取这个策略只是为了确保没有遗漏孩子其他的关注点。

例如，"看看我是否理解你说的情况。你在学校上了一整天课，还要参加足球训练，所以回家后很累，再让你写社会学作业挺困难；而且，餐厅太吵了，因为你哥哥老在客厅看电视；并且你还需要我的帮助，可我有时候又得忙着哄你妹妹睡觉。还有其他的让你感觉完成社会学作业很困难的地方吗？"

下面是一个关于信息收集的例子，里面还包括了不同的询问策略：

家长：我注意到你最近似乎挺难遵守我们设定的每天 30 分钟电子设备使用时间的规则。这是什么情况？

麦克斯：这不公平。

家长（运用策略一和策略二）：不公平？哪里不公平？

麦克斯：30 分钟根本不够。

家长（运用策略一）：30 分钟不够？怎么会呢？

麦克斯：因为你觉得什么都算玩电子产品。

家长（运用策略一）：我觉得什么都算玩电子产品？

麦克斯：你认为玩《我的世界》算玩电子产品，我同意。你也认为我在 iPhone 上玩《部落冲突》也算，我也同意。但你还认为发短信、用 Instagram 和 Snapchat 也算。如果这些都算的话，那么 30 分钟是不够的。所以这不公平。

家长（运用策略一）：所以你认为我把所有这些东西都算成玩电子产品是不公平的。

麦克斯：是啊！我的游戏时间其实并不多！30 分钟的时间限制本来只是针对游戏的。但现在你把所有浏览屏幕的时间都算在这 30 分钟里了！

家长（运用策略一）：你认为那些非游戏时间不应该算进去？

麦克斯：是的！我是说，我们这一代现在就是靠这些沟通。这是我和朋友们交流的方式。所以如果这些东西算在玩电子产品的时间里，那我就没有时间来玩游戏了。

家长（运用策略四）：我明白了。那每次我让你要放下手机或电脑时，你在想什么？

麦克斯：我在想你是我知道的唯一一个把社交时间也算作屏幕时间的家长。我觉得这不公平。我还在想，希望你能更多地了解现在孩子们是如何交流的。

家长（运用策略八）：所以你认为把电子产品使用时间限制在30分钟是不公平的；除了游戏，在电子产品上做其他事情不应该计入这30分钟的使用时间；而且大多数家长也不会把这些事情算作玩电子产品的时间。除了这些，还有其他什么事情阻碍了你遵守30分钟电子产品使用时间限制的规定吗？

麦克斯：嗯，当我做作业时，你看到我的手机放在我旁边就会有点紧张。但其实我在做作业的时候给朋友发短信并不会耽误完成作业。有时我还会和他们讨论作业中的问题。

家长（运用第六种策略，有风险的策略）：好的。虽然你告诉过我，但有时候发短信确实会让你在做作业的时候分心。

麦克斯：是的，有时候会分心，但大部分时间都不会。而且，如果短信让我分心了，我可以不理它，等作业做完再回复。

这是很有意义的对话。我们从"这不公平"到对孩子在这个问题上的观点有了更清晰的理解。当我们开始在邀请这一步中考虑解决方案时，这些信息都会派上用场。当大人们开始询问孩子们关心的问题时，他们常常会惊讶于事实的真相。

如果你好奇家长要是采用方法A来解决这个问题会怎么样的话，情况可能如下面所描述的一样：

第五章 以合作的方式解决问题

家长：你没有遵守电子产品只能使用 30 分钟的限制，所以我决定暂时收起你的手机和 Xbox，等到我认为你能够负责任地使用它们时，我会还给你。

当然，如果——像第四章描述的那样——当前由于某些原因，你在采用方法 C 来处理这个未解决的问题，那你一开始就不会提出这个问题。

有些家长在共情阶段开始理解孩子的担忧后，很难做到不轻视孩子的意见并且不单方面提出问题解决方案，这样他们就又回到了老路上，中断了合作过程。以下是一些负面的例子：

家长：我发现你早上上学前吃早餐变得有点困难，怎么了？
孩子：我不喜欢吃鸡蛋。
家长：嗯，但我们家早餐就得吃这个！我可不是随叫随到的厨师。

家长：我注意到你早上喂狗似乎有点困难，发生了什么？
孩子：我老忘记做这件事。
家长：如果你都记不住给狗喂食，那我也记不住一周带你去三次体操课。

家长：我发现你最近不太想坐校车，怎么了？
孩子：其他孩子都对我不好。
家长：那你就得为自己挺身而出。攻击是最好的防御。

情况二：他不说话或者说"我不知道"。

你第一次和孩子探讨待解决的问题时，孩子可能会用这样一种方式回答：孩子不说话或者说"我不知道"。导致这种状况的原因有很多：

- 你的措辞不太准确。如果你在问孩子未解决的问题时，没按照第四章讲的那样说，那么孩子很可能沉默或者回答"我不知道"。孩子这么做通常是因为没完全听明白你的问题，或者他以为自己惹祸了，又或者他以为你生气了。可能也因为你之前只在生孩子的气或者孩子出了岔子时，才跟他谈这些问题。所以你得让孩子放心，你其实只是想了解他的烦恼，想跟他一起解决问题。
- 你的时机不太对。要知道，使用"应急计划"会增加解决问题的难度和紧迫性。要是提前采取方法B，你需要先告诉孩子你想谈什么话题，这样他就不会感到突然袭击了，也就不会沉默或者回答"我不知道"了。
- 对于你们正在讨论的问题，他真的不知道自己在担心什么。可能是你以前从来没有主动问过他的想法，至少从没有这样问过；或者他从来没有认真思考过这个问题；还有可能，他觉得自己的担心一直都被无视，所以很久以前就不去想这些事了。

- 因为从他出生你就在用方法 A 解决问题,所以他可能仍然认为你在骑着方法 A 的战马作战。你必须向他证明——通过双方合作而非单方面强行做主——你现在已经不再骑着方法 A 的战马横冲直撞了。不过,空口无凭,得看实际行动。

- 他可能不太愿意吐露心声。或许以往的经历让他觉得,每当他坦诚相告,你总是反驳或者动怒,然后引发一场争吵。在共情阶段,你的目标是学会控制自己对孩子发言的情绪反应,因为一旦你做出情绪化回应,孩子就会选择沉默,那你也就什么都听不到了。而你是那么真切地想要了解孩子的顾虑,哪怕这些顾虑会让你不快。

- 他在争取时间。许多孩子说"我不知道",而不说"嗯""给我点时间"或"让我想一会儿"。既然你不急,你就可以给他一点时间,让他考虑一下。许多孩子不说话,是因为他们正在整理思路,或者还很难用语言表达他们的想法。不幸的是,大人常常会用自己的担忧、看法或解决方案来填补这种沉默。在这样的情况下,你已经在很大程度上偏离了共情阶段(信息收集和理解孩子的顾虑)的主要目标,而让孩子很难思考自己的想法到底是什么。当孩子默默思考他所关心的事情时,你可能需要更习惯这种沉默。

如果你已经给了孩子思考空间，但他依然对自己所担忧的事情毫无头绪，或是难以用言语表达内心想法，那么，最佳的策略便是进行有依据的推测或假设验证。在这个过程中，你会发现你的理论知识终于派上了用场。你可以根据经验提出几种可能性，看看哪一种说法可能是正确的。

家长：我注意到你最近不太爱打曲棍球了。怎么了？

孩子：我不知道。

家长：好吧，那我们想想。不用急。

孩子（10秒后）：我真的不知道。

家长：慢慢来。

孩子（又过了5秒）：我真的不知道。

家长：嗯。你之前不想打曲棍球时告诉过我一些事情，你还记得你说过什么吗？

孩子：不记得。

家长：好吧，有时候你会担心在其他孩子面前犯错。是这样的吗？

孩子：差不多吧。

家长：你还担心如果你犯了错，其他孩子会生你的气。对吗？

孩子：对。

家长：还有，你不喜欢丹教练冲你大喊大叫。是这种情况吗？

孩子：那倒没有。

家长：所以，你主要是担心如果犯了错，自己会感到尴尬，其他孩子会生你的气？

孩子：嗯。

家长：还有其他我们没想到的吗？

孩子：应该没有了。

虽然这只是一个简短的对话，但孩子的担忧显而易见。当你做出假设的时候，记住你是在提出可能性，而不是在揣摩孩子的担忧和顾虑。下面就是揣摩孩子的例子（这是一个反面例子）：

家长：我注意到你最近不太想去打曲棍球。怎么了？

孩子：我也不知道。

家长：我觉得你是担心会被丹教练大声呵斥。

情况三：他说"这方面我没问题"。

许多大人认为，如果他们的孩子说"这方面我没问题"，那就没有继续讨论的必要了。毕竟，孩子都说了没问题，家长还怎么跟孩子谈论那个问题呢？但其实，这样的回答并不代表询问就此打住；事实上，这通常是了解他的担忧、观点或看法的起点。尽管他可能对问题没有你那么担心，但这并不意味着你就不能继续使用方法 B 了。采取第一个询问的策略（反思性倾听）应该会是一个不错的开始。

家长：我注意到你最近和你妹妹吃饭的时候总有矛盾。怎么了？

孩子：我没问题。

家长：啊，你说你没问题。对不起，我不太明白你的意思。

孩子：我是说我真的不在乎是否和妹妹相处得来。

家长：你说你不在乎是否和你妹妹相处得好，你能详细说说吗？

孩子：没什么大不了的。

家长：什么意思？

孩子：她只是个小孩子，又吵又烦人，我们永远都不会相处得好。

家长：她只是个小孩子，又吵又烦人，而你觉得你们永远无法和睦相处。

孩子：她不会停止又吵又烦人，我也不会停止觉得她又吵又烦人，所以什么也不会改变。还有，她知道你最喜欢她，她总是可以向你抱怨，让我惹上麻烦。

听起来他确实对这件事有意见（他的妹妹又吵又烦人，而且会向妈妈抱怨，从而给他带来麻烦）。顺便说一下，即使你的孩子真的没有像你一样关心某个问题，但他可能会关注该问题带来的冲突。所以，问题仍然需要解决。

情况四：他说"我现在不想谈论这件事"。

幸运的是，他不是现在非得谈这件事不可，告诉他这一点很有必要。很多孩子在得知可以不讨论某件事之后，反而会立刻活跃起来。如果他现在确实不想谈，那很可能是他有充分的理由；说不定他还会谈到这个理由。很多孩子会说出自己为什么不愿意谈某些事，这本身就能传递出很多信息。说完那些之后，他们就会足够放松，开始谈起他们最初不愿意提及的话题。但遗憾的是，面对孩子的沉默寡言，许多大人会选择更加强硬地催促孩子开口。但是你肯定不想今天费尽心机让孩子开口说话，明天却丧失了孩子的信任吧。明日总会到来的。许多孩子都是准备充分、想说的时候才会开口。同样，我知道不少成年人也是如此。

情况五：他变得有所戒备，可能会说"我没必要告诉你"（或者更糟糕）。

让我们思考一下，为什么孩子在大人要求解决某个问题时会变得戒备心很重？实际上，我们已经了解其中的一些原因了。也许他习惯了父母单方面解决问题（方法 A）；也许他认为，要是问题提出来了，那他肯定要有麻烦了，所以他预期到了挨训受罚；也许他认为去思考或说出自己的担忧毫无意义，因为他已经习惯了父母对他的这些担忧置之不理。

幸运的是，我们正在试图重建沟通的方式，改变那些让孩子觉得开口说话并不是最好选择的大人的应对模式。面对孩子的防御性言论，最好的办法不是以防御性的言论反击或以成人的权威威胁，而是应该坦诚相待。如果孩子说"我不想和你说话"，父母最好的回应是"你不用和我说话"。如果孩子说"你不是我的老板"，父母最好的回应是"我不是想要当你的老板"。而如果孩子说"你不能逼我说话",父母最好的回应是"我不逼你说话"。同时,一些安抚的话语也是有帮助的,比如"我不是在命令你做什么"(你确实没有在命令他)、"你没有惹麻烦"(他确实没有惹麻烦)、"我没有生你的气"(你确实没有生气)、"我只是想了解情况"(你确实是想了解情况)。但是,"我是为了你好"和"我这么做是因为我爱你"(把自己的解决方案强加给孩子)这样的话并不是理想的选择。

当你对孩子在某个问题上的立场或观点有清晰的理解时,你已经准备好进入解释大人的担忧这一阶段了。怎么知道你已经到了这一阶段呢?通过不断总结和询问更多信息(策略八),直到你的孩子再也没有其他顾虑。

解释大人的担忧阶段:
真正的影响力

并不是只有孩子有担忧。那些伴随你丰富的经历、圆融的智慧和成熟的价值观而来的担忧也是合理且重要的,你希望孩子能够听进去并给予它们足够的重视。现在正是你行动的好时机。

这一步之所以困难,主要是因为成年人往往不太会深入思考他们对具体问题的担忧到底是什么。事实上,他们经常略过自己的担忧,匆匆提出自己的解决方案(还常常强加给别人)。但是,如果在明确双方的担忧之前就提出解决方案,这些方案是行不通的,因为它们不可能解决那些担忧。当你和你的孩子提出相互冲突的解决方案时（即那些没有解决双方担忧的方案），权力斗争就会出现，这是你在第三章中读到的内容。顺便说一句，并没有所谓相互冲突的担忧，只有不同角度的、待解决的担忧。一方的担忧并不能凌驾于另一方的担忧之上，目标也不是要确定谁对谁错，双方的担忧都同样合理。

你是说我的孩子和我平等吗？

不，但如果你想与你的孩子合作解决问题，那么你们的担忧同样有效和有意义。

你需要仔细思考你的担忧到底是什么，如果你发现当场很难考虑清楚，你可以提前思考。仅仅重复你的孩子难以满足的期望——"我担心你数学学得不好"——并不是表达你的担忧。相反，你的担忧几乎总是属于以下两个类别中的一个或两个：①未解决的问题如何影响你的孩子；②未解决的问题如何影响他人。

大人的担忧通常以"问题是……"或"我担心的是……"开头，但绝对不是"那很好，但是……"。让我们看看在我们一直讨论的问题中，典型的成人式的担忧可能有哪些。在每个例子的最后，你会看到一个数字，这个数字描绘出了这些担忧的类别（如上一段所述）。

早上醒来困难：我担心的是，如果你早上起床困难，会上学迟到，经常这样还会让你在前两节课跟不上进度。①

上学前吃早餐困难：我担心的是，如果你不吃早餐，会更难集中注意力听课。你得有能量来迎接新的一天。①

早上喂狗困难：我担心的是，如果你忘记喂狗，它会饿一整天。②

乘坐校车困难：问题是，如果你不乘坐校车上学，那我就得送你去学校，那样会让我上班迟到，我的老板会对此不太高兴。②

接听手机困难：问题是，如果我不知道你在哪里，我会担心你的安全。②

理解数学作业困难：我担心的是，你对自己在数学方面的表现感到非常挫败，你很难继续努力下去……而今年学习的数学知识是明年要学的数学知识的基础，所以我担心明年你会更难。①

现在让我们继续之前讨论的主动型方法 B 的例子。下面的例子包括了整个对话，因为我认为按顺序阅读这个过程可能会比较有用。

共情阶段

家长：我注意到你最近似乎挺难遵守我们设定的每天 30 分钟电子设备使用时间的规则。这是什么情况？

麦克斯：这不公平。

家长：不公平？哪里不公平？

麦克斯：30 分钟根本不够。

家长：30 分钟不够？怎么会呢？

麦克斯：因为你觉得什么都算玩电子产品。

家长：我觉得什么都算玩电子产品？

麦克斯：你认为玩《我的世界》算玩电子产品，我同意。你认为我在 iPhone 上玩《部落冲突》也算，我也同意。但你还认为发短信、用 Instagram 和 Snapchat 也算。如果这些都算的话，那么 30 分钟根本不够。所以这不公平。

家长：所以你认为我把所有这些东西都算成玩电子产品是不公平的。

麦克斯：是啊！我的游戏时间其实并不多！30 分钟的时间限制本来应该只是针对游戏的。但现在你把所有浏览屏幕的时间都算在这 30 分钟里了！

家长：你认为那些非游戏时间不应该算进去？

麦克斯：是的！我是说，我们这一代现在就是靠这些沟通。这就是我和朋友们交流的方式。所以如果这些东西算在玩电子产品的时间里，那我就没有时间玩游戏了。

家长：我明白了。那每次我让你放下手机或电脑时，你在想什么？

麦克斯：我在想你是我知道的唯一一个把社交时间也算作屏幕时间的家长。我觉得这不公平。我还在想，希望你能更多地了解现在孩子们是如何交流的。

家长：所以你认为把电子产品使用时间限制在 30 分钟是不公平的；除了游戏，在电子产品上做其他事情不应该计入这 30 分钟的使用时间；而且大多数家长也不会把这些事情算作屏幕时间。除了这些，还有其他什么事情阻碍了你遵守 30 分钟电子产品使用时间的限制的规定吗？

麦克斯：嗯，当我做作业时，你看到我的手机放在旁边就会有点紧张。但其实我在做作业的时候给朋友发短信并不会耽误完成作业。有时我还会和他们讨论作业中的问题。

家长：好的。虽然你告诉过我，但有时候发短信确实会让你在做作业的时候分心。

麦克斯：是的，有时候会分心，但大部分时间都不会。而且，如果短信让我分心了，我可以不理它，等作业做完再回复。

解释大人的担忧阶段

家长：我担心的是，我并不总能知道你在手机或电脑上干什么，所以我不知道你到底花了多少时间玩游戏。我认为所有那些电子设备都会让你晚上睡得更晚，让你没办法和我们好好交流。

现在双方都表达了自己的担忧。没法回头了。

邀请阶段：
合作解决问题

最后一步是思考可能的方案，这些方案能够解决双方的担忧，而我们在前两步中已经确认过这些担忧。这个阶段被称为"邀请"，因为你实际上是在邀请孩子一起合作解决问题。邀请会让孩子明白，解决问题是你和他一起做的事情（合作），而不是你对他做的事情（单方面）。

要开始这一步，你可以简单地说"让我们想想该如何解决这个问题"，或者"让我们想想该如何对付它"。但是，为了更好地思考可以消除双方担忧的方案，你最好先回顾一下在前两个阶段中明确的双方的担忧，然后以"我想知道是否有办法……"开始。所以，就上述例子来说，对话可能像这样："我想知道是否有办法能让你用手机和电脑与朋友交流，但这不算在电子产品使用时间里（这是孩子的担忧）；但对我来说，我要确保你遵守玩游戏不超过 30 分钟的规定，确保你按时上床睡觉，以及确保你仍然会花时间和我们在一起（这些是成年人的担忧）。"

然后你让孩子第一个提出解决方案："你有什么想法吗？"这并不意味着解决问题的重担完全落在孩子身上。解决问题的重担应该落在解决问题的小组（你和你的孩子）身上。

但是，让孩子先尝试想出解决方案是一个好办法，可以让他知道你真正关心他的想法。同时，这也可以锻炼他自己解决问题的能力。我们经常会误认为能够想出好的解决方案的只有大人。

虽然孩子有可能想不出任何方案，但实际上，他是具有想出解决方案的潜力的，有时候他想出的方案甚至能把你们双方的担忧都考虑进来。此外，他们可能一直在等待你给予他们这样的机会，尽管他们可能表现得不太有耐心。

许多家长在实施方法 B 之前就已经预先制定了解决方案。换句话说，他们在方法 B 启动之前就已经知道了其最终目的地。如果你在方法 B 启动之前就已经知道了它的结果，那么你实际上并没有真正采用方法 B，而只是采用了一种"巧妙"的方法 A 的变体。但方法 B 并不是方法 A 的"巧妙"翻版，方法 B 强调的是合作，而方法 A 强调的则是单方面行动。

实际上，根本就不存在什么飞行计划。方法 B 这架飞机会驶向何处，完全由你们共同的担忧构成的风向引导。不过，驾驶舱里的仪表的确会帮你和你的合作伙伴确定合适的着陆点：即解决方案必须切实可行（也就是说，双方都能按照约定完成任务），同时让双方都满意（即解决方案能够真正、合理地解决双方的问题）。如果某个方案既不切实际又不能让双方满意，那就得考虑其他备选方案了。对了，"再努力一把试试"这种办法，从来都不是真正有效的解决方案。

现实可行性很重要，因为方法 B 绝非凭空想象。如果你无法执行解决方案中你那部分的任务，不要仅仅为了结束谈话而同意它。同样，如果你认为你的孩子无法胜任解决方案中他那部分的任务，试着让他停下来思考一下，判断自己是否真能履行承诺（"你确定你能做到吗？我们得共同想出一个双方都可行的方案"）。

双方满意的部分同样非常重要，这要求你和孩子深度思考你们想要解决的双方的顾虑到底是什么。换句话说，所有提出的解决方案都应以能否解决方法 B 前两个阶段中谈到的问题为评判标准。

双方满意这一点，对于那些担心采用方法 B 后自己的顾虑无法得到解决、无法划定界限的成年人来说，无疑是一剂强心针。只要你的顾虑得到处理，那就意味着你已经"划定了界限"。而一个让双方都满意的解决方案，自然就意味着你的顾虑已经得到解决。所以，如果你认为方法 A 是成年人设定界限的唯一途径，那可就大错特错了。

双方满意这一部分还可以帮助孩子知道，你不仅仅关注解决你自己的问题，同样也致力于解决他的顾虑。由此，你就把对手变成了解决问题的伙伴、队友。

一开始，孩子提出的解决方案可能只解决了他的担忧但没有照顾到你的担忧，你的解决方案可能也是如此。这并不意味着他提出的想法不好——或者他不关心你的顾虑或者没有能力考虑周全——他只是还不太擅长提出双方都满意的解决方案。

你只需要简单地提醒他，你们的目标是要想出一个双方都满意的解决方案。你可以说："好的，这是个主意。不过这个主意可以解决你的担忧，但我不认为它可以解决我的担忧。我们再一起想想，看能不能找到一个两全其美的办法。"

很多父母在急于解决问题的时候会遗漏邀请这一步，这意味着，在家长和孩子即将以合作的方式共同寻找解决方案时，家长却自行决定了方案。这样做并不好。孩子认为你会和他一起解决问题，而你单方面做出决定会让他感到被背叛了。这会让他对以后使用方法 B 解决问题的做法持有保留意见。

假设一切顺利，让我们看看这三个阶段是如何完美结合在一起的。再次提醒，虽然有点啰唆，但这有助于我们从头到尾了解整个过程。

共情阶段

家长：我注意到你最近似乎挺难遵守我们设定的每天 30 分钟电子设备使用时间的规则。这是什么情况？

麦克斯：这不公平。

家长：不公平？哪里不公平？

麦克斯：30 分钟根本不够。

家长：30 分钟不够？怎么会呢？

麦克斯：因为你觉得什么都算玩电子产品。

家长：我觉得什么都算玩电子产品？

麦克斯：你认为玩《我的世界》算玩电子产品，我同意。你认为我在 iPhone 上玩《部落冲突》也算，我也同意。但你还认为发短信、用 Instagram 和 Snapchat 也算。如果这些都算的话，那么 30 分钟根本不够。所以这不公平。

家长：所以你认为我把所有这些东西都算成玩电子产品是不公平的。

麦克斯：是啊！我的游戏时间其实并不多！30 分钟的时间限制本来应该只是针对游戏的。但现在你把所有浏览屏幕的时间都算在这 30 分钟里了！

家长：你认为那些非游戏时间不应该算进去？

麦克斯：是的！我是说，我们这一代现在就是靠这些沟通。这就是我和朋友们交流的方式。所以如果这些东西算在玩电子产品的时间里，那我就没有时间玩游戏了。

家长：我明白了。那每次我让你放下手机或电脑时，你在想什么？

麦克斯：我在想你是我知道的唯一一个把社交时间也算作屏幕时间的家长。我觉得这不公平。我还在想，希望你能更多地了解现在孩子们是如何交流的。

家长：所以你认为把电子产品使用时间限制在30分钟是不公平的；除了游戏，在电子产品上做其他事情不应该计入这30分钟的使用时间；而且大多数家长也不会把这些事情算作屏幕时间。除了这些，还有其他什么事情阻碍了你遵守30分钟电子产品使用时间的限制的规定吗？

麦克斯：嗯，当我做作业时，你看到我的手机放在旁边就会有点紧张。但其实我在做作业的时候给朋友发短信并不会耽误完成作业。有时我还会和他们讨论作业中的问题。

家长：好的。虽然你告诉过我，但有时候发短信确实会让你在做作业的时候分心。

麦克斯：是的，有时候会分心，但大部分时间都不会。而且，如果短信让我分心了，我可以不理它，等作业做完再回复。

解释大人的担忧阶段

家长：我担心的是，我并不总能知道你在手机或电脑上干什么，所以我不知道你到底花了多少时间玩游戏。我认为所有那些电子设备都会让你晚上睡得更晚，让你没办法和我们好好交流。

105

邀请阶段

家长：我在想，有没有什么办法，既能让你每天痛痛快快地玩 30 分钟游戏，又能通过 Snapchat、Instagram 和短信跟朋友们保持联系。不过，我得确保你只玩 30 分钟，而且晚上不会睡不着觉，也不会不跟我、爸爸和莫莉待在一起。你有没有什么好的建议？

麦克斯：没有。

家长：好吧，让我们想想。我相信我们能够解决这个问题。

麦克斯：嗯，通常我放学或者足球训练后都会打游戏，因为我需要一些休息时间。所以，我们可以定一个游戏时间，这样你就知道我在干什么了。

家长：这个想法不错。我不知道你平常都是在那个时候打游戏的。

麦克斯：嗯，有时候如果我之前没有时间打游戏的话，我会在完成作业后打。周末就不一样了，我通常是早上醒来就开始打游戏。

家长：你觉得周末早上的游戏时间能够控制在 30 分钟内吗？感觉你玩游戏的时间比这个长多了。

麦克斯：嗯……你说得可能没错。但我觉得周末应该有更多时间打游戏，因为我有更多的空闲时间。

家长：谢谢你的诚实回答。我会考虑在周末给你多一点游戏时间。但现在我们先回到平时打游戏的问题上。我怎么知道你在打游戏呢？

麦克斯：我通常只在放学后或者完成作业后打游戏。而且通常不是在完成作业后打，因为我完成作业的时间太晚了，完成后就直接去睡觉了。

家长：说实话，我一直不太喜欢你睡觉前玩游戏。我觉得这样会让你难以入睡。

麦克斯：那我可以在睡觉前发短信、看 Instagram 和 Snapchat 吗？……你知道，这样我就可以和朋友们最后联系一下了。

家长：我对这没意见，只要不影响你睡觉就行。那我们如何记录你和朋友交流的时间呢？

麦克斯：嗯……我不知道该怎么记录。我每次只联系一两分钟，但每天联系很多次。

家长：但是你的 iPhone 上不是也有游戏吗？我怎么知道你使用 iPhone 的时候只是在和朋友联系呢？

麦克斯：我可以把 iPhone 上的游戏卸掉。我上面只有一个飞行模拟器和《部落冲突》，而且我有点不想玩这些游戏了。

家长：那太好了。我们能不能定个时间，到点就把 iPhone 收起来呢？

麦克斯：我完成作业后再过 15 分钟关掉 iPhone 怎么样？

家长：我可以接受，但是你的 iPhone 上不能有游戏。只有在放学或足球训练后才可以玩游戏。另外，我不会再念叨你使用 iPhone 的时间了。我们这次沟通得很顺利啊！谢谢你跟我谈这个问题。

麦克斯：我们还有两件事要解决。

家长：是吗？

麦克斯：嗯，周末玩游戏……还有我老玩手机，不怎么与你、爸爸和莫莉待在一起。

家长：对，我忘了这个问题了。谢谢你提醒，麦克斯。

麦克斯：我们可以明天再谈这些问题吗？我感觉有点累了。

家长：好的，我们明天再聊吧。我也有些疲惫了。

麦克斯：不过，我觉得解决和你们待在一起这个问题不难，因为我放学或者足球训练结束后玩游戏的时候，你、爸爸和莫莉也没有什么活动需要我加入。

家长：我同意你的说法。我只是在想我们要多待在一起——尤其是在周末——而你总忙着玩手机，这个问题咱们明天再聊吧。让我们看看我们的解决方案能否解决其他问题，如果不行，我们再继续讨论。

最后一句话很重要，因为它强调了一个非常重要的观点：你和孩子认识到这个问题可能需要更深入的讨论，这一点非常好。因为初次提出的解决方案很有可能无法一劳永逸地解决问题。为什么第一个解决方案不能长久地解决问题呢？往往是因为它最初看起来似乎很理想，但实际上不够现实，或者不能满足双方的需求。或者是因为在首次尝试解决问题时，我们获取了有用但不全面的信息。解决方案只能解决你所知道的问题，而无法触及那些隐患。又或者因为现实生活中问题的解决往往需要多次尝试，并非一蹴而就。好的、持久的解决方案，往往是在先前方案的基础上不断优化而来的。

你觉得刚才这个例子中方法 B 的三个阶段是不是进行得很顺利呢？你说得没错——整个过程相当流畅。能在没有遇到大麻烦的情况下完成这三个阶段是非常理想的情况。在接下来的章节里，我们会介绍这些阶段中可能出现的问题。

! 答疑解惑

问：我对方法 A 还有点困惑。好像我不能再告诉孩子该做什么了。

答：这是一个常见的容易混淆的问题。记住，方法 A 是指针对一个未解决的问题强行实施你自己的解决方案。但正如你所读到的，这与表达期望是不同的。因此，"我希望你能摆餐具"不是方法 A。"别再嘲笑你妹妹了"或者"我觉得你在冰球比赛中应该更积极进攻"也不是方法 A；你不过是在让孩子了解你的期望。但是，如果你总是不断地重复告诉孩子同一件事情，或许你应该思考一下，这样的重复是否真的能达到最佳效果。

问：那么一切都要谈判吗？

答：最好不要把方法 B 看作是谈判，甚至是妥协。方法 B 是合作解决问题。记住，你的孩子已经达到了你许多的期望。方法 B 是为了协助他达成其难以达成的目标。

问：我一直在使用方法 A，现在我明白了为什么这不是理想的方法。但是方法 B 对我来说会是一个相当大的改变。你有什么想法可以分享吗？

答：你可能需要一段时间来习惯并熟练掌握与孩子积极合作的方式。一开始，你或许会感到自己在一定程度上放弃了对孩子的控制。当然，可能你本来拥有的对孩子的控制权也没有你想象中那么多，希望你不要再把掌控孩子看作是一件积极正面的事情了。但是，合作解决问题会让你感到轻松很多。你无须再因为孩子遇到的问题而倍感压力，觉得自己必须立刻想出巧妙的解决方案。同时，那些影响孩子生活的问题也不再是你们之间的争执焦点。如果你能积极主动地改变，而不是被动应对，这个过程会变得更加顺畅。不过，在紧要关头，你要克制自己的冲动不去采用方法 A，这确实是一个大挑战。

问：方法 B 不是比方法 A 需要更多时间吗？

答：这是人们对方法 B 常有的初步反应。虽然我们可能会觉得快速制定一个单方面的解决方案能节省时间。然而，单方面的解决方案往往难以奏效，最终反而会浪费大量时间。

问：除了解决问题，方法 B 还有很多其他功能，对吗？

答：没错，正是这样。正如你了解的那样，方法 B 是建立（或重建）关系、增强（或恢复）沟通的方式。通过使用方法 B，你和孩子可以了解他的技能、信仰、价值观、喜好、个性、目标和方向，同时你的价值观、智慧和经验也可以传递给孩子。这是你在不运用权力的情况下也能对孩子产生影响的方法。同时，这也是一种激发你和孩子的潜能、培养人性中更积极品质的途径，尽管我们还未详细探讨过，但会在第九章中深入讨论。

问："共情"这一步让我想起了我之前在史蒂芬·柯维的《高效能人士的七个习惯》里读到的一些观点……我想得对吗？

答：没错。在那本书中，柯维指出我们花费多年时间学习阅读、写作和说话，但可能几乎没有接受过关于听的训练。

如果你和大多数人一样，首先寻求的是希望别人理解你和你的观点，那么在这样做的时候，你可能会完全忽略对方，只是敷衍地听，选择性地只听对话中的某些部分，或者虽然聚焦于对方说的每一个字，却完全没能领会其真正的意图。为什么会这样呢？因为大多数人倾听是为了回答，而不是为了理解。你会在脑海中准备好自己要说的话、要问的问题等，同时也在留意自己的声音。你会不自觉地用自己的生活经验和认知框架来筛选听到的信息。你还会与自己的经历进行比对，从而确认所听到的内容是否与自己的经历吻合。因此，在对方还没有说完之前，你就会过早地下定论，认为已经明白了他/她的意思。

问：如果我采用方法 B 处理问题，我的孩子会和我说话吗？我很想念和他聊天的时刻。

答：如果他渐渐感觉到你愿意倾听他的心声、明白并尊重他的顾虑并且会帮助他解决它们，那么这就为你们的良好沟通打下了基础。也许他也很想和你聊天。

问：他会开始聆听我的担忧吗？

答：当孩子的担忧被倾听并得到解决，而不是被置之不理，他们也会更愿意去聆听你的担忧，并且努力解决这些问题。

问：那么，如果我注意到孩子在达到某个具体期望上遇到难题，我什么时候应该着手帮他解决呢？需要立即行动吗？

答：具体如何应对取决于所遇到的问题。比如，如果孩子只是在拼写测验中第一次表现不好，你不必急于插手。你可以先观察一下，看看孩子是否能自己努力提升拼写能力（我们暂且把这称作"方法C"）。在孩子的成长过程中，你最好每一步都能培养他们的独立性。但是，如果他自己没能取得进展，你肯定不希望他长时间陷入困境。一旦你看出他无法独自解决难题，你就需要及时伸出援手，否则他可能会丧失应对挑战的信心。让孩子们自生自灭，并不是教他们生存的好方法。

问：你能多说一些关于方法C的事情吗？不知为何，搁置未解决的问题让我感觉好像我放弃了所有期望。

答：记住，使用方法C有以下这些不同的原因：①你已经知道自己并不是特别在意孩子是否能实现一个特定的期望；②你决定尊重孩子的技能、信仰、价值观、喜好、个性和目标；③你决定让你的孩子至少现在尝试独立解决问题；④考虑到孩子目前的发展阶段，你可能觉得这个期望对他而言不太实际；⑤你有其他更为紧迫的期望需要他去实现。但无论如何，你并不是在放下所有的期望，你还在用方法 B 去应对那些未解决的问题呢。别忘了，你的孩子其实已经达成了很多你的期望。

问：我一直认为，大多数人——包括孩子在内——本质上都是自私的。我们不都是最关心自己的事情能否得到解决吗？

答：当然，不管是大人还是孩子，我们都希望自己的担忧能够得到别人的理解并被解决。的确，我们往往会对自己的问题更加投入和热心。但这并不意味着我们就会忽略别人的问题。总让我惊讶的是——我每天都会有这样的发现——孩子们在制定解决方案时，竟然如此乐于将他人的担忧纳入考虑。他们仅仅需要更多的实践机会。然而，如果大人总是通过强加自己的意愿来施加影响，那么无论是孩子还是成年人，都将失去这种宝贵的实践机会。这样一来，孩子们也只能陷入自私自利的循环模式。

我们人类所面临的问题——并不仅限于成年人与孩子之间的矛盾——要求我们彼此倾听、共同寻求持续可行的且双方满意的解决方案。我们相互依存，必须团结合作。

就让我们看看我们一直关注的某个家庭是怎样实施方法 B 的。

一天晚上，当丹尼斯正哄着夏洛特睡觉时，她决定试试方法 B。那是她们母女俩的"温馨时光"，而此时楼下正在看电视的男孩们应该不会来打扰。

丹尼斯挨着夏洛特坐在床边，轻声问道："夏洛特，我能和你聊聊吗？"

"当然可以，妈妈。有什么事吗？"

丹尼斯心里想："我这敏感的孩子啊！"嘴上却说："没什么，我只是觉得咱们可以一起解决一个问题。想试试吗？"

"是什么问题呢？"

"嗯，其实我早就想跟你提这件事了，就是关于你按时出门上学的问题。我们能聊聊吗？"

"好啊。你是不是生气了？"

"没有，我一点都没生气。只是我注意到你早上上学总是很难准时赶上校车，到底是怎么回事呢？"

夏洛特回答说："我不喜欢早上匆匆忙忙地赶时间。"

丹尼斯不太理解她的这个回答。但是，她知道要合作解决问题并不一定需要先读懂对方的想法，所以她选择进行一番反思性倾听。她对夏洛特说："你说你不喜欢早上匆匆忙忙地赶时间，我不太明白你的意思。"

"我不喜欢匆匆忙忙地挑选衣服、洗澡、吃早饭和喂狗。这对我来说事情太多了。时间根本不够用。"

丹尼斯很想告诉夏洛特，如果她不被电视分心，时间其实是够用的。但她忍住了这种冲动，而是选择了进行进一步的反思性倾听。

"所以说，时间不够用。"

"对，所以我有时会忘记喂狗。"

"因为你太赶了,有太多事情要做。"

"没错。"

"还有其他什么事情让你早上上学赶不上校车吗?"

"我也喜欢你开车送我去学校。这样我们就可以一起度过路上的时间。"这句话丹尼斯之前听过。

"是的,我知道你喜欢我早上开车送你去上学。"

"因为那时候没有男孩子和我们在一起。"

"噢,他们不在,只有我俩特别好。"

"是的。"

丹尼斯注意到此时此刻她对女儿的温柔关怀与平日早晨女儿赶时间时的感受形成了鲜明对比。她决定总结一下她们已经讨论过的内容。"所以,你早上上学拖沓的原因之一是觉得时间不够用,无法完成所有事情。另外,你也喜欢让我开车送你去学校,因为那样就没有家里的男生打扰我们,我们可以享受一段没有他们的时光。"

夏洛特点点头。

"除了觉得时间不够用,还有其他什么原因让你早上赶不上校车吗?"

夏洛特摇摇头:"我们说完了吗?"

"怎么,你想现在结束聊天吗?"

"不,妈妈,我喜欢和你聊天。"

"哦,那就好,我们还没说完呢。我们还需要解决问题。你看,我担心的是,我早上很忙——你知道的,要给大家准备早餐,还要自己准备上班。所以,如果我还得一直盯着你,看你有没有做该做的事,对我来说有点困难,因为我早上自己也有很多事情要忙。你明白我的意思吗?"

夏洛特紧紧抱着她的布娃娃。"对不起,妈妈。"

"哦,宝贝,没必要道歉。我只是在想,我们或许可以一起想想办法解决这个问题。"

"解决什么问题?"

"你知道的,早上你总是有很多事情要忙……而且你也想和妈妈单独相处,不被男孩们打扰……而我早上也有很多事情要做,所以有点顾不上你。你有没有什么好的建议?"

夏洛特沉思片刻后说:"要不早上你给小狗喂食,晚上我再喂它?"

丹尼斯考虑了一下,问道:"这样能让你早上轻松一些吗?"

"对。晚上我可以接手,因为晚上我基本上没什么事情。"

"夏洛特,这真是个好主意。我觉得挺不错的。所以我们只要互相调整一下喂食时间就行了。你能记得晚上给小狗喂食吗?"

"我放学一回家就喂它吧。它那时候总是很饿。"

"那我们可以试试看。你还有没有什么别的建议?"

"我可以提前15分钟起床,"夏洛特提议说,"就跟你早上起床的时间一样。"夏洛特因为经常在半夜跑到丹尼斯的床上去,所以对丹尼斯早上的作息时间非常了解。"这样我就会有更多的时间了。反正我早上也已经醒了。"

"那你打算跟我一起起床吗?"

"嗯，是的。而且，我或许可以晚上洗澡，这样早上就不用再洗了，也能节省一些时间。还有，我也许可以提前把衣服选好，这样早上就不用再花时间挑选了。"

丹尼斯惊讶地看着夏洛特，她时常觉得女儿的思维比实际年龄要成熟许多。"夏洛特，这些都是很不错的主意。那我们来整理一下：你在前一天晚上就选好衣服、洗好澡，然后再提前15分钟和我一起起床。"丹尼斯在心里琢磨这个计划是否可行。"我觉得这个方法或许会非常奏效。"

"或许在准备好上学的物品后，我可以在电视机前享用早餐。"

丹尼斯心中想到了那台让人头疼的电视机。不过，如果夏洛特能够把一切准备妥当，她倒也不会反对她在电视机前吃早餐。"那我们来想想，怎么实施这个计划。你下楼的时候，我会准备好早餐等你。如果你已经准备好上学了，那就可以在电视机前吃早餐，怎么样？"

夏洛特点了点头。

"我们从明天开始实施这个计划，怎么样？"丹尼斯问道。

"好啊。"

"不过，还有一件事情我们之前提到过，但还没有真正去做。"丹尼斯补充道。

夏洛特有些疑惑地看着母亲。

"就是你想在上学路上和我单独相处的那件事。"丹尼斯提醒她。

"哦，对了。"

"我们该怎么解决这个问题呢?"

"我不知道。"夏洛特答道。

"早上开车送你上学对我来说有点困难,"丹尼斯解释说,"如果送你上学,我很难准时上班。"

"那我们能不能找个其他时间,只属于你和我的时间呢?"夏洛特主动提议。

丹尼斯意识到自己已经没有多余的空闲时间了,但她也意识到孩子渴望与她共度更多时光。她决心要找到一个解决方案。"嗯,我送你去爸爸公寓的路上,我们其实就已经在共度时光了,"丹尼斯提议道,"而且你经常跟我一起去购物,每天晚上也都是我陪你入睡的。"

夏洛特点了点头,说道:"可是我爱妈妈。"

"那我们要不要找个时间,就你和我,一起度过呢?"

"周末的时候,我们能一起玩我的洋娃娃吗?爸爸不陪我玩这个。"

"你的意思是,在你不去爸爸家的周末,我们找个时间来玩洋娃娃对吗?"

"嗯嗯。"

"你喜欢我陪你一起玩是吧?"

"是的,这比一个人玩有趣多了。"

"我也觉得,我们一起玩会很开心。这周末我们找时间来安排一下,怎么样?"

夏洛特点点头,问道:"妈妈,我们聊完了吗?"

"我想聊完了。"

丹尼斯陪夏洛特读了一会儿书，然后亲了亲夏洛特并道了晚安，关了灯，就去客厅准备哄尼克睡觉了。（汉克多年前就觉得自己已经长大了，不需要母亲晚上哄他，所以他通常晚上 9:30 就自己上床睡觉了。）顺利与夏洛特完成第一个方法 B 的实践让丹尼斯有些兴奋，她决定也对汉克试一试。

"汉克，你今晚睡前能跟我聊聊天吗？"丹尼斯打断了汉克在手机上边刷 Instagram 边看电视节目《创智赢家》的行为。

"关于什么事？"汉克嘟囔道，眼睛依旧紧盯着屏幕。

"啊，我这暴脾气。"丹尼斯心里琢磨着，然后说道："是关于你和你兄弟姐妹如何相处的事。"

"我根本不在乎跟兄弟姐妹处得怎样，他们太烦人了。"

丹尼斯心想，这情况倒是出乎意料，不过她也没太惊讶。"汉克，你没做错什么事，我只是想听听你的想法。"

"我认为他们很烦人，而且你让我看《创智赢家》都看不下去了。"汉克说道。

丹尼斯觉得现在谈这个话题没有什么意义，"好吧，这是我想跟你谈的事，但也许现在不是最好的时机。等到合适的时候我再和你谈吧。"

"永远都不是个好时机。"汉克边说边调高了电视的音量。

这个故事给了我们几个启示。首先，同一个解决方案很可能不能解决"共情"阶段中发现的所有问题。以丹尼斯和夏洛特的

119

情况为例，同一个解决方案不能解决夏洛特的两个核心需求（早上事情太多和想要与妈妈独处）。丹尼斯需要想出不同的解决方案来解决这两个问题，也需要使用方法 B 单独和孩子进行探讨。

其次，如果汉克一开始对丹尼斯尝试交流时的反应令你感到惊讶，你认为他需要马上被训导要学会尊重长辈，那么你可能要暂时放下这种想法。汉克的反应可能只是因为他在看电视的时候被打断了，但这或许也反映了他们多年来的交流模式。一次简单的关于尊重长辈的谈话并不能真正解决问题，坚持执行方法 B 是更明智的选择。

06 RAISING HUMAN BEINGS

第六章
那些不该做的事儿

在前面几章中，我们已经大致了解了亲子间该如何合作解决问题，接下来我们会介绍一些在采用方法 B 时的常见误区，这有助于避免你在教育孩子时掉入陷阱。所以，本章的重点主要是"那些不该做的事儿"。当然，只有你真正尝试与孩子一起执行方法 B，这些关于"陷阱"的提醒才会更具有实际意义。

本能反应：面临问题仍然会采用方法 A

当孩子没有达到某一特定期望时，许多家长会不自觉地考虑要怎么强行实施解决方案以及执行某些规则。当然，并不是说你必须遵循你的第一直觉。有时候思考一下"方法 A 真的是最好的选择吗"可能会有所帮助。你心中可能会这么想：

玛雅的成绩又退步了。我得让她禁足了，这样她才能写完作业。她功课都落那么多了，怎么还有心思大晚上去练瑜伽呢？我必须得立点规矩。这学期是大学录取时最看重的一学期，她难道不知道吗？话又说回来，她上周生病了三天，所以才落下功课。而且她以前每次成绩落后也都能迎头赶上。所以我好像也不需要让她禁足。但瑜伽也太离谱了吧？哎，可能她只是上完学需要休息一下吧，也还可以接受。但我要如何确保她能赶上其他同学呢？要不和她谈谈吧……

自以为是：带着以为很了解孩子的假设进行共情

正如前文所述，父母通常都以为自己很了解孩子在想什么。然后，他们就会基于自己的假设，强行实施解决方案。但这些假设通常都是误解，所以那些解决方案也就注定无效。因此，我们更推荐"无假设"状态。"无假设"是一种自由的状态，你可以摆脱假设带来的干扰和误解，通过和孩子的沟通真正了解他们内心所想。许多父母在共情阶段总会犯"自以为是"的错误。在某些具体问题上对孩子的想法有一些假设也不是件坏事，重要的是记得这些假设可能是错的，最起码需要进一步确认。关键是，在你和孩子交流的过程中要先将这些假设"抛之脑后"。否则，交流的过程可能会变成例行公事，或者是将讨论引导至预定方向的计谋。

弄巧成拙：带着预定解决方案实施方法 B

很多家长以为解决困扰孩子生活的问题是父母的天职。毕竟，我们是最懂自己孩子的人。但事实并非如此，尤其是当我们对孩子还不够了解的时候。只有那些能解决父母和孩子双方顾虑的方案才能成为持久可行的解决方案。如果你都不知道双方的顾虑在哪里，解决问题也就无从谈起了。这就是为什么在"邀请"之前，我们要先进行"共情"和"解释大人的担忧"这两个阶段。能对如何解决问题提出一些想法当然是好的，但要记住，所有解决方案的检验标准是它们是否可行以及是否能解决双方最关心的问题。

时机问题：迫不得已时才采取方法 B，而非主动出击

对于一些忙碌的父母来说，主动出击解决问题可能是一个艰巨的挑战。但是，对于身为父母的我们来说，除了努力抽出时间也基本别无选择。因为如果是紧急情况下采取方法 B，形势往往更紧张，周围环境也不那么理想（例如，你正在开车、正要出门或者在杂货店里，周围有其他孩子和大人）。此外，紧急情况下采取方法 B 得出的解决方案往往是权宜之计，而无法持久可行。要记住，你试图找出的解决方案要能够持久地解决问题，而不仅

仅是为了解决当下的困境。所以，父母最好能提前考虑到一些需应对的问题并确定它们的优先级顺序。

当然，即使在主动采取方法 B 的情况下，也要注意提前告诉孩子你想讨论的问题，否则就像在她毫无准备的情况下对她偷袭，你可能就白费工夫了。

绝望之举：将方法 B 作为撒手锏

我们都希望方法 B 成为家庭中解决问题的常用方式，而非个例。所以，不要在尝试过好言规劝和威胁恐吓都无效之后才采用方法 B。

无言以对：追问也会成为难题

想要从孩子口中获取信息，就需要家长跟孩子多交流。但家长往往不知道自己该说些什么才能让孩子多说点。你可能会想到用第五章中提到的问询策略，这确实有用。但也有一些孩子的回应可能会让你无言以对。例如：

父母：我发现你最近在词汇方面有些跟不上。怎么了？

孩子：记单词太无聊了。

父母（试图进行追问）：怎么无聊了？

孩子：就是无聊。

父母：我发现你最近好像不怎么吃我做的饭了。怎么了？

孩子：我不喜欢。

父母（试图进行追问）：你不喜欢里面的什么呀？

孩子：不合我胃口。

父母（仍在试图进行追问）：那你能告诉我哪儿不合你胃口吗？

孩子：就是不合我胃口。

当然，有些孩子在面对提问时会立即明确表达他们的顾虑，但如果你的孩子没办法做到，那你就可以坚持使用问询策略。不过，要记得，问询策略中最重要的是反思性倾听。下面让我们看看，如果你在共情阶段进展缓慢，又该如何使用问询策略（和其他策略）。下列对话也许并没有完全采用方法 B，但向我们展示了坚持询问可以带来的一些进展：

父母：我发现你最近在词汇方面有些跟不上。怎么了？

孩子：记单词太无聊了。

父母（试图进行追问，使用策略二）：怎么无聊了？

孩子：就是无聊。

父母（也许看了第五章中的询问策略，决定使用策略四）：那你写词汇作业的时候，是怎么想的？

孩子：我觉得很无聊。

父母（策略一和策略四）：啊，你觉得很无聊。还有什么别的吗？

孩子：我担心第二天小测验的时候我还是记不住。

父母（策略一）：啊，你在担心你第二天小测验的时候还是都记不住。

孩子：我老是记不住，所以我的英语成绩不太好。我的词汇小测验成绩总是不太好。

父母：我还是第一次听你提起。你能再跟我多说一点吗？……

非常棒，这样就有了一些进展。自然而然，对话也能够继续下去。我们再看另一个例子：

父母：我发现你最近好像不怎么吃我做的饭了。怎么了？

孩子：不合我胃口。

父母（使用策略二）：怎么不合你胃口了？

孩子：就是不合我胃口。

父母（使用策略三）：我发现我做的饭你有时候会吃，有时候就不吃。是不是因为有的东西你喜欢，有的东西你不喜欢呢？

孩子：我喜欢炸鸡块。

父母：对，我发现你确实挺喜欢炸鸡块。但好像其他东西你也吃。

孩子：比如呢？

父母：意大利面。

孩子：嗯，意大利面。但只加黄油，不要红酱，也不要肉酱。

父母：红酱和肉酱怎么了？

孩子：肉酱吃起来很恶心。红酱味道也不对。

父母：那我做的饭里还有什么你喜欢的吗？

孩子：没了。

父母：有时候你好像也挺喜欢吃燕麦片的。

孩子：但你放葡萄干或坚果的时候我就不喜欢了。

父母：我做的饭里有没有什么是你特别不喜欢的？

孩子：我不喜欢蔬菜……除了土豆泥。

父母：我很开心我们找出了你喜欢吃什么，不喜欢吃什么了。这样我们才能更好地解决问题。

错误的质疑：孩子在共情阶段表达出她的观点和顾虑，但你不肯相信

可想而知的是，孩子在初次尝试辨别和表达她的顾虑时可能会不太准确，毕竟在你问之前她可能都没有认真考虑过，许多家长往往就此认为孩子的观点是错误的或不真实的，真相只是因为她的观点与你预先设想的不一致。但孩子的顾虑永远不会是错误或不真实的，因为根本不存在错误或不真实的顾虑。她的顾虑和你的一样合理，只是可能需要进一步的解释和澄清。例如，有些孩子可能会因为自己的顾虑或观点感到尴尬，或者担心你的反应，但这并不是在撒谎。因此，作为家长千万不能忽视孩子所关心的问题，更不能跟孩子说你认为她在撒谎。那样的话，孩子就再也不愿意和你交谈了。实际上，当你和孩子合作解决问题时，

你完全不需要担心孩子撒谎,这与之前需要时刻提防自己被愚弄或被蒙在鼓里的心态完全不同。当孩子们意识到他们并没有陷入麻烦,家长们只是对他们在某个问题上的想法、观点和立场感兴趣时,他们就完全没必要撒谎。在共情阶段,你不应该用指责或者对抗性的语气。你的孩子并没有惹麻烦,你也并不生气。你应该用好奇的语气,因为你是真的想理解孩子。

在共情阶段,如果家长认为孩子撒谎,往往是因为家长没有针对特定问题进行提问,而是针对他人看到的孩子的行为提问,通常是在进行"盘问"而非"询问"。"盘问"听起来就会像下面这样(注意这个例子中的家长实际上并没有进行"共情"):

父母:我听福尼尔老师说,你在操场上踢了维克多一下。

孩子:我没有。

父母:那福尼尔老师为什么要这么说呢?

孩子:我不知道,但确实没这回事。我没有踢他,是他踢了我。

父母:老师可不是这么说的。

孩子:那就是她说错了呗。

父母:她说她亲眼看到了!

孩子:那她就是瞎了,反正我没有踢他。你为什么不相信我?

孩子和老师到底谁说的才是对的确实是一个问题。但事实上,跟试图弄清楚这个问题相比,解决孩子和维克多在操场上相处困难这个问题才更为重要。

谁在乎？当孩子说不在乎你的想法时，你对方法 B 的热情会迅速消散

不要因为孩子不在乎你的顾虑而感到受伤。事实上，你对她自己的顾虑也没那么在乎。但好消息是，孩子确实不一定要在乎你的顾虑；她只需要在探寻令双方都满意的解决方案时愿意把你的顾虑纳入考虑就够了。在你开始尝试解决她的问题后，她也会开始努力解决你的问题。以下是一个例子：

父母：杰克逊，我发现在你打游戏时叫你过来吃饭总是很难。怎么回事？

杰克逊：你总是在我打到一半的时候叫我。

父母：我总是在你打到一半的时候叫你。我明白了。那你能告诉我，你通常都玩哪款游戏吗？

杰克逊：《麦登橄榄球》。

父母：噢，你经常玩那个。

杰克逊：我挺喜欢这款游戏的。

父母：我知道你喜欢。所以你的意思是，我叫你的时候，你正玩到这个游戏的一半，对吧？那这款游戏是不是可以暂停，然后过一会儿回来继续玩呢？

杰克逊：可以。

父母：那你为什么不这样呢？

杰克逊：因为你不让我吃完回来继续玩。你让我吃完饭后就

去做作业。我没办法再回去继续玩了。

父母：我明白了。那还有什么其他原因让你在玩这款游戏时总不过来吃饭吗？

杰克逊：没有。

父母：好。我想说的是，我觉得我们一家子坐在一起吃晚饭是一件很重要的事。因为这是一天中我们唯一能够在一起说说话的时候。

杰克逊：我不在乎我们一家人能不能一起吃晚饭。

父母：嗯……好吧。可能我比你更看重这件事吧。我想如果我们能够找到一个既适合你又适合我的解决方案，那么我们就可以一劳永逸地解决这个问题，那我们就不会一直为此争吵了。

你在问我吗？你的孩子没有任何关于解决方案的想法

希望你能有一些想法。要记住，解决问题不是孩子一个人的责任；解决问题应该是你们双方共同的责任。如果你的孩子确实没有任何想法，那么你可以提供一些建议，但在此过程中不要把解决方案强加在孩子身上。换句话说，无论是谁提出解决方案，都应该是现实可行且双方都满意的一个方案。

提前完成：迁就不现实或双方不满意的解决方案

一旦提出了解决方案，你和孩子应该仔细考虑一下这个方案是否真正可行且能使双方满意。如果对解决方案是否符合这两个标准存在疑虑，你们需要讨论并进行方案修改或考虑替代方案，直到你们就解决方案是否更接近标准达成一致。这里要注意，在开始评估每个解决方案之前，你不需要头脑风暴，不需要一下子想出十几个解决方案，这样的工作量有点太庞大了。最好一次只考虑一个解决方案；如果第一个解决方案不太可行或不能令双方都满意，那就继续加以完善，或者考虑其他解决方案，直到找到更接近标准的方案为止。

元素缺失

在亲子合作解决问题的过程中，三个元素、三个阶段中的每一个都至关重要。跳过其中任何一个阶段就意味着遗漏一个重要的元素，也就无法成功解决问题了。

如果跳过共情阶段，你将无法了解到孩子的关注点，那不管你能想出什么解决方案，都不能解决孩子关注的问题。这种方法听起来很像方法 A。

父母：我希望你以后能在冰球训练之前写完作业，因为如果训练之前写不完，你就得熬夜到很晚才能补完，第二天上学也就没精神了。我们该怎么解决这个问题呢？

孩子：听起来你已经找到解决方法了。

如果你跳过解释大人的担忧阶段，也就是你表达自己的观点的这一步，那么你的担忧就没办法得到解决。

父母：我发现你有冰球训练的时候总是熬到很晚才能写完作业。怎么回事？

孩子：我放学回家后想休息一会儿，所以在冰球训练前不想做作业。最后只能熬夜赶完了。

父母：好吧。

但正如我们在第五章中提到的，在这一步，家长往往会直接提出解决方案而不说出自己的顾虑，这样就导致方法 B 变成方法 A 了。

父母：我发现你有冰球训练的时候总是熬到很晚才能写完作业。怎么回事？

孩子：我放学回家后想休息一会儿，所以在冰球训练前就不想做作业。最后只能熬夜赶完了。

父母：你的意思是你放学回家后太累了，所以不想在冰球训练前写作业。

孩子：有时候冰球训练完我也很累，就只能第二天早点起床写。甚至有时候我早上也还是很累，所以我就尽量在空闲时间写。

父母（提出解决方案，而非担忧）：我不想让你那么晚睡，也不想让你那么早起。所以，你还是在冰球训练之前把作业写完吧！

孩子：我不想在训练之前写作业！我放学回家已经很累了，

第六章　那些不该做的事儿

我需要时间休息一下！

如果你跳过邀请阶段，那也就意味着你在进行前两步时就已经在考虑方法 A 了。那么，孩子可能就会没兴趣进行前两步了。

父母：我发现你有冰球训练的时候总是熬到很晚才能写完作业。怎么回事？

孩子：我放学回家后想休息一会儿，所以在冰球训练前不想做作业。最后只能熬夜赶完了。

父母：你的意思是你放学回家后太累了，所以不想在冰球训练前写作业。

孩子：有时候冰球训练完我也很累，就只能第二天早点起床写。甚至有时候我早上也还是很累，所以我就尽量在空闲时间写。

父母（说明自己的顾虑）：我是这么想的，我不想让你第二天上学没精神。今年对你来说很重要，我想确保你一直处于最佳状态。

孩子：好吧。

父母（跳过邀请阶段，直接采取单方面解决方案）：所以你以后如果作业没有写完，就别去参加冰球训练了。

孩子：什么？

父母（使用方法 A 的经典理由之一）：我这么做是为了你好。

孩子：这太离谱了，我不会听你的。

父母：你怎么说话呢？

133

> **答疑解惑**

问：我怎么才能知道我为尝试使用方法 B 做好准备了呢？

答：如果你从来没用过方法 B，你可能总会觉得自己没有完全准备好。但只要勇敢开始尝试就很棒，然后就可以多加练习。

问：我第一次尝试方法 B 很失败，就像一场大灾难。怎么回事？

答：尝试与孩子合作解决问题永远不会是一场灾难。如果没有像你想象的那样顺利进行，那你可能需要重新阅读一遍本章和第五章来找找原因。

但如果你在共情阶段了解到了孩子在某个问题上的新想法，那说明你做得已经很好了。没有完成"共情"也没关系，你还可以再多尝试几次。如果在解释大人的担忧阶段，你没有把解决方案强加在孩子身上，而是能够说明自己的顾虑，那么你也做得很好啦！如果你成功进行了"邀请"，并且能够与孩子一起找到一个可行且双方都满意的解决方案，那就太棒了。希望你和你的孩子达成的解决方案能够经得起时间的考验。如果不能的话，你也很快就会发现，这时候就可以再次使用方法 B，找出问题的原因，并提出一个更可行且让双方更满意的解决方案，或者是能够解决新出现问题的方案。如果你觉得这个问题处理好了，就可以继续处理下一个问题了。如果孩子拒绝参与其中，你可以用些小奖励来鼓励她试一试，说不定下一次她就愿意参与了。

问：如果第一个解决方案不奏效怎么办？

答：在实际应用中，第一个解决方案通常都不会奏效。长期可行的解决方案往往是在尝试过失败的解决方案之后才会出现的。重要的是要从失败的解决方案中吸取教训，这样后续的解决方案才更有可能成功。

方法不奏效时，家长往往会归罪在孩子身上。但要记住，制定解决方案的应该是家长和孩子双方，而不是只有孩子一个人。

问：如果我和孩子达成一致，但她不履行她的承诺怎么办？我应该惩罚她吗？

答：你不会在你们达成一致后反而惩罚孩子的。如果你的孩子没有按照她（和你）同意的解决方案去做，也就意味着这套解决方案并不像起初看起来的那样可行且令双方都满意。这不代表着失败，只是在提醒你们第一个方案通常都解决不了问题。如果你们中的一方或双方都不能执行你们各自的义务，那就再使用方法 B 找出一个更为可行的解决方案。当然，第一个解决方案只能解决在前两个阶段中已经表达出的顾虑，而不能解决未被表达出来的顾虑。你们可以再次尝试方法 B，看看是否还有你们没有说出来的顾虑。惩罚并不能让孩子去执行一个不现实、双方都不满意的解决方案，反而会让孩子不愿意再次尝试方法 B。

问：制定解决方案后，是不是应该完全遵守呢？如果没有做到完全遵守，是否意味着解决方案不可行，还是因为孩子在完成过程中需要一些帮助？

答：我不确定有谁能百分之百依赖某个方案解决问题。但你肯定希望这个方案能够基本解决相应的问题。如果解决不了问题的话，你可以重新尝试方法 B 帮助你找出原因并完善解决方案。

问：我需要强制执行解决方案吗？

答：你这么想就是把方法 A 中的角色与方法 B 中的角色混为一谈了。在方法 B 中，你和你的孩子共同制定解决方案，并且一起努力确保方案能顺利解决问题，所以如果你强制执行解决方案的话，那你和孩子就不是平等的了。

问：我一直坚持在做的是让孩子在做错事时道歉。这有用吗？

答：强迫孩子道歉可能没有多大效果。而且，你可能只是因为孩子的某个行为而让她道歉，但你真正应该关注的是如何才能和孩子合作解决导致这种行为的问题。道歉并不能解决这个问题。

问：我会要求孩子对做错的事做出弥补，您觉得这样对吗？

答：和孩子讨论如何弥补她做错的事可能会有助于她思考自己对他人造成的伤害。但与道歉一样，弥补并不能解决伤害行为背后的问题，因此解决这个问题本身仍然是首要任务。

问：在上一章最后的故事中，解决方案需要孩子记住要做的很多新事情。如果她总是记不住该怎么办，我可以提醒她吗？

答：如果你认为你的孩子可以很好地执行你们已经达成一致的解决方案，只是有时候会忘记，那你可以适时地提醒她。但如果你的提醒变成唠叨，那么说明你们的解决方案可能还不够可行，需要重新完善一下。

问：我总是很难一下子决定该使用方法 A 还是方法 B。我要怎么办呢？

答：在大多数情况下，你不应该在冲动时决定要使用方法 A 还是方法 B，而应该提前想好你要解决哪些问题，以及你需要暂时搁置哪些问题，这样你就不用匆匆忙忙地做出决定了。

问：好，但是如果问题突然出现，我是不是可以使用方法 B 呢？那会是怎么样的情形呢？

答：这种情况一般很少发生。当然，在紧急情况下，你是可以使用方法 B 的，但不应该把这个当作一个习惯。紧急情况下被迫使用方法 B 与主动使用方法 B 的主要区别在于时机的把握和"共情"时的措辞。紧急情况下使用方法 B 的"共情"不会像主动使用方法 B 一样以描述当下情况开始，因为问题已经显而易见了。所以，你可以直接进行反思性倾听。以下是一些例子：

孩子：我今天不去冰球训练了。

家长：你今天不去冰球训练了。怎么回事？

孩子：我今天不想上学了。我想放松一下我的脑子。
家长：你今天不想上学了。怎么回事？

孩子：我不会写这个作业！
家长：你不会写这个作业。发生什么了呢？

当然，接下来你就可以明确了解孩子的顾虑、观点或看法，然后，就可以继续进行接下来的两个阶段了。

问：如果我在第一次尝试的时候没有完成方法 B 的所有三个阶段，也没关系吗？

答：当然没问题。毕竟你永远不知道自己在共情阶段能了解到多少信息，所以在进行下一步之前需要多长时间也不确定。和孩子合作解决问题是一个过程，并没有时间限制。

问：我之前尝试和我的女儿使用方法 B，她也确实和我聊起来了。但她说的东西实在是太多了，我都有点被这些信息和该去解决的问题给压垮了。我该怎么办呢？

答：确实，有时候你与孩子一用方法 B 就好像打开了交流的闸门，你会发现有太多信息需要消化、更多的问题需要解决，远远不只是你刚开始在清单上列出来的那些问题。尽管这可能让人感到不知所措，但能认识到这些额外问题的存在也是一件好事。你的目标是将新问题添加到问题清单上，可能还需要重新设置优先级，然后逐个解决。如果你的孩子在共情阶段提供了大量的信息，那你可以问问她可不可以把这些东西写下来，这样就不会遗漏了。

问：我是不是不应该说"因为你得听我的"这样话呢？

答：这种话肯定不利于你与孩子共同解决困扰她生活的问题，也不利于你们找到长期可行且令双方满意的解决方案。

问：但我还是可以对孩子进行约束和限制，对吗？

答：记住，设定期望就是在对孩子进行约束和限制，努力让孩子达成你的期望。例如，如果你希望孩子和家人一起吃晚餐（而不是在电视前吃）、保持房间相对整洁、早点上床睡觉、按时回家、努力学习、按时上学，那么你就是在设定约束限制。

但如果你的孩子没有达到你的期望，你就得解决问题了。在这个时候，"设定限制"和"解决问题"就变成同一件事了。我们提到过，如果你使用方法 A 解决问题，那你不仅是在单方面解决问题，还完全抹杀了深入了解和解决孩子顾虑的机会，加大了孩子和你对抗的可能性，强行推进了并不明智的解决方案，结果可能只是暂时性地解决了问题。而当你使用方法 B 时，你能够了解到孩子遇到的问题，可以减少对抗性交流的可能性，可以和孩子共同努力找到既可行又令双方满意的解决方案，如此一来，问题就能得到更彻底的解决。无论采取哪种方式你都在设定限制，只是其中一种方式更加有助于建立伙伴关系。

问：我一直让孩子和我签订协议——我明确提出期望，孩子努力去达成，做到了就会有奖励。这样做不好吗？

答：这么看来你的孩子对你的期望已经很清楚了，所以你可能不需要为此签订协议。而且如果你的孩子没办法达成你的期望，那也是遇到了某些问题，而协议和奖励并不能帮助你找出或解决这个问题。所以，你还是需要了解孩子更多的信息并解决问题，而不是寄希望于签订协议就能帮你做到这两件事情。

问：方法 B 难道不是一种消极被动的做法吗？

答：方法 B 一点都不消极被动，这是一种非常积极主动的育儿方式。许多成年人认为"积极主动"意味着严厉和惩罚。现在你应该知道并不是这样的。一些父母还认为方法 B 代表着"软弱"，而强行让孩子接受自己的解决方案才叫"强大"。但与孩子合作解决影响生活的问题与"软弱"或"强大"无关，关键是何种育儿方式才行之有效。

问：但是方法 B 能让孩子知道我不赞成她的某些行为吗？

答：当然可以。在"解释大人的担忧"这个阶段，你就可以和孩子讨论你对她的哪些行为不赞同。在邀请阶段，你的顾虑就可以得到解决。但也要记住，她的行为只是某个未解决问题的附属品，所以方法 B 的重点是解决那些问题，而不是她的行为。

问：如果我总是和孩子共同制订对双方都可以接受的解决方案，那她是不是就会觉得只有在自己愿意的情况下才有必要去满足父母期望呢？但在现实生活中，她肯定需要做一些她不愿意做的事情。

答：你的孩子已经在努力满足她可能不愿意满足的期望了。比如，她可能并不愿意做作业（但也许她还是做了），可能并不总是愿意为了考试复习功课（但也许她也还是复习了），可能并不总是喜欢你做的晚餐（但也许她还是吃了）。所以，你与你的孩子合作解决的这些问题已经是她难以达成的期望了。

问：在我跟她提起某个顾虑时，她说"因为我不想做"，该怎么办？

答：那你可以继续追问她，直到真正弄懂她的意思。然后，你们可以共同提出能够解决问题的方案。

问：方法 B 不算是一种让孩子对我言听计从的"妙招"吗？

答：是的，方法 B 并不算什么妙招。它只是一个共同努力解决问题的方法。

问：我感觉我和孩子在共同解决问题时，她总能看穿我的意图。

答：这是个好事！因为共同解决问题本来就是一个透明的过程。方法 B 并不是要诱骗孩子按照你的方式做事。如果你的孩子能明白你正在努力了解她对某个问题的顾虑或看法，而且她也了解你的顾虑或观点，并且你们两个能一起努力找出既现实可行又令双方满意的解决方案，那也就不存在什么"看穿"了。

问：方法 B 是我了解孩子对特定问题的顾虑或看法的唯一

途径吗？

答：不是。你可以随时与你的孩子交谈，了解她在不同话题上的观点，当然不只局限于有待解决的问题。你也可以在这些话题上提出你的观点，而不是把你的观点强加在孩子身上，或者坚持让你的孩子接受你的观点，又或者对她的观点不屑一顾或加以评判。

问：你不认为方法 A 是锻炼孩子性格和提高毅力的好方法吗？

答：如果你指的是孩子在生活中遇到挫折后重新振作的能力的话，我不觉得方法 A 能起多大作用。但我觉得方法 B 能有所帮助。孩子不需要你为她制造挫折，生活中本就处处是挑战。孩子需要的是你教她如何重新振作起来。而且，正如我们前面提到的，那些你迫切希望你的孩子能够拥有的品质，比如富有同理心、为他人着想、诚实、包容他人以及和平处理分歧的能力等，方法 A 都无法帮你的孩子培养，而方法 B 却可以。这些内容还会在第九章中详细讨论。

问：你能再详细介绍一下"无假设"状态吗？

答：当然可以。"无假设"状态就是意识到你在对孩子做出假设，并且尽快修正的能力。正如前文所说，父母总是自认为很了解孩子的情况，并且往往会基于这些假设制定解决方案。当然，如果这些假设是错误的，那么依此提出的解决方案也就无的

第六章 那些不该做的事儿

放矢了。如果你能够不那么自以为是地提出假设，你就可以很轻松地了解到你的孩子到底遇到了什么问题。方法 B 的好处在于它为你提供了假设之外的另一种选择——询问。

丹尼斯准备和汉克继续完成他们之前进行过的简短讨论。这次她决定只跟汉克讨论他与夏洛特的相处问题（而不谈他和尼克的事情）。她故意安排尼克和夏洛特去看电视，然后和汉克一起坐在餐桌旁。"我知道你不想聊这个。"丹尼斯先开了口，但汉克看起来毫无兴趣。

"那你为什么还非要逼我说？"汉克说。

"我并没有逼你说。我只是不喜欢有些时候你们的相处方式，我想让你改善一下。"

汉克翻了个白眼。

"那我们可以谈谈你和夏洛特相处不好的问题吗？"

"你为什么不和她谈？"

"我会和她谈的，"丹尼斯说，"但我想先听听你的看法。"

"我已经跟你说过了。她太烦人了。"

"是的，我记得你说过这个，"丹尼斯说，"但我不是很明白。"

汉克叹了口气说："她总是不问我一声就进我的房间。她有自己的卧室，但我却只能和伊戈莫住一间。"汉克给弟弟起了一个很难听的外号。"明明我才是家里最大的，凭什么她能有自己的卧室？"

丹尼斯想告诉汉克，这个问题她已经回答过好多次了，但她还是决定耐着性子继续追问新信息。"所以你觉得她总是不问一声

143

就进入你的房间。你觉得她有自己的卧室,而你是家里最大的,所以你应该有自己的卧室,对吗?"

"对。"

"那还有什么其他原因让你与她相处不愉快吗?"

"她总是看那些很蠢的电视节目,如果我想看我喜欢的节目,她会抓狂。而且她知道如果她大喊大叫的话,你一定会向着她的。"

"汉克,你介意我把你说的这些都记下来吗?"丹尼斯问,"我是说,我想我已经大概了解了,但我怕我会漏掉一些。"

"你是都了解了!但你什么都不做!这就是我们的讨论根本没有任何意义的原因。"

"嗯,其实我试过做一些事情,但没有起什么作用。我没能帮助你们解决这些问题。我也不知道该怎么做。但我希望你能再给我一次机会。很明显,你对目前的情况不满意。我也不满意。我觉得尼克和夏洛特也都不满意。所以,我们只能更努力地去解决这些问题。"

"行吧,既然你什么都没做,那只能我去做了。"汉克说。

"这是什么意思?"

"如果他们再烦我,我就也去烦他们。而且我会变本加厉地烦回去。"

"嗯,我明白你有你的办法。我也明白你为什么这么做。但我觉得这样并不能解决问题,只能让大家互相厌恶。"

"适者生存吧。"汉克说,使用他最喜欢的一句话。

"我觉得有更好的方法,"丹尼斯说,"我们能继续聊聊夏洛特是怎么烦你的吗？"

"我们已经聊过了。"汉克回答。

"那如果我们解决了这些问题，你觉得你可以更好地与夏洛特相处吗？"

"当然可以，"汉克说，"但我不觉得你能解决这些问题。"

"看，这就是问题。我们都觉得应该由我来解决这些问题。这样我就变成调解员了。但我不想当调解员，我也当不好调解员。但我又必须帮助你们解决这些问题。其实我倒是可以帮你们，但我一个人是做不来的。我需要你的帮助。"

"那夏洛特呢？"

"我也需要夏洛特的帮助。但我现在是先和你聊。我们先来确认一下到底有几个问题。首先是她未经允许就进入你的房间。这是我们需要解决的一个问题。其次是你认为你应该有自己的卧室，毕竟你是家里最大的孩子。这是另一个问题。最后是她总是占着电视看她的节目，不让你看你喜欢的节目。我说得对吗？"

"嗯。"汉克嘟囔着。

"那我们应该先解决哪个？"

"哪个都解决不了。这都根本没有意义。"

"嗯，可能吧，但你想先解决哪个呢？"

"电视那个。"

"你再跟我说说电视的问题吧。"丹尼斯针对这个具体问题再次进行"共情"。

"她总是霸占着电视看个没完。而且看的都是一些我不想看的无聊节目。而且她知道你总会向着她,所以除非她睡觉或者在朋友家,我几乎就没法看我想看的节目。"

"明白了。所以你的顾虑是你几乎没办法看你想看的节目,因为夏洛特总是霸占着电视,而且我总是向着她。"

"对。"

"那你想听听我的顾虑吗?"

"如果你非要让我听的话。"

"我觉得你在想看电视的时候有点欺负她。"

"如果你不再那么向着她,那我也就不会欺负她了!"

"你听我说完。我知道你是这么想的。但我不能让你欺负你的妹妹。你比她大,有时候你会伤到她,而且你这样以大欺小很不公平。她会很难过的。你明白吗?"

"我才不管。"

"那我们现在要做的就是找出一个能够解决我们双方顾虑的方案,既不能让你惹妹妹不高兴,也能让你看上你喜欢的节目。"

"那你想出什么办法了?"汉克问。

"我还不知道,"丹尼斯说,"我还得和夏洛特谈谈,听听她的想法。然后我们三个人再聚在一起,想一个让我们所有人都满意的解决方案。不止我一个人,而是我们三个人都满意。"

"那我们这次聊天结束了吗?"

"这次暂时先结束了。"

方法 B 不仅可以用来解决孩子和家长之间的问题,还可以用来解决两个孩子之间的问题。是的，完全可以。但正如案例中描述的那样，你起初看起来会有点像穿梭于不同派别之间的外交官，因为在让他们一起解决问题之前你需要先单独了解两个孩子的内心想法。无须再扮演调解员的角色是一件好事；让孩子们意识到你是在引导他们解决问题，而不是在"替"他们解决问题，则是一件更加令人欣慰的事情。

丹半夜醒了，因为他感觉克里斯汀没和他一起在床上躺着。他伸手摸了摸，克里斯汀确实没在旁边。他正疑惑的时候，发现克里斯汀正在摸着黑踱步。

"克里斯汀？"

"怎么了？"

"你在干什么？"

"我就走走。"

丹起身靠在枕头上说："为什么要起来走走呢？"

"我睡不着。"

"因为泰勒吗？"克里斯汀不说丹也知道，因为泰勒是克里斯汀最关心的人。

"对，是因为泰勒。"克里斯汀证实了丹的猜想。

"回来睡觉吧。你不能为了她的事情不睡觉。"

"哎，我也没办法。"

"你在想什么呢？"

"什么都想。"

147

"具体说说呢?"

"说了也没用。"

"来吧,说说嘛。"丹拍了拍床,让克里斯汀坐下。

"她天天觉都睡不够,我知道她还没有开始准备文学课的期末论文,大学入学考试也没复习好,我都不知道她每天在哪里,我希望她能上个好大学,我希望她开心,我希望能与她好好相处……"克里斯汀沮丧地坐在床上。

"我明白。"

"你也会为大卫和朱莉考虑这么多吗?"克里斯汀问,她指的是丹与前妻的两个孩子。

尽管半梦半醒,丹还是尽量谨慎回答:"嗯,有时候也会。但并没有像你替泰勒考虑得这么多。"

"那么我这是怎么了?"

"你只是太在乎她了。不过我觉得太过在乎也是有问题的。你不能为了她的事儿把自己折磨成这样。她没事的。她只是长大了。她这个年纪这样是很正常的。"

"我也知道她这样很正常。我只是觉得她比大多数孩子早熟一点。我有点难以接受。我还是想让她在我的掌控之中。"

"你确实总希望事情都在你的掌控之中,"丹说,"只是泰勒不是那种唯命是从的孩子。她有自己的想法。"

"好吧,但这并不意味着她可以不接我电话啊。"

"我认为我们需要尝试用不同的方式与她交流。"丹巧妙地使用"我们"这个词,而不是"你",想看看这样克里斯汀会不会更容易接受。但并没有奏效。

"你是说我,对吧?"克里斯汀回应道。"她喜欢你。因为你从来不跟她说'不'。"

"我是想说'我们',"丹说,"如果我们意见统一了,那事情就好办了。"

"嗯,你肯定不会迁就我的,所以我们到底该听谁的呢?"

"我们能不吵架,好好说这件事吗?"丹问。

"好吧,那就都按照你说的做。她可以想干什么就干什么。"

"我不是这个意思。你之所以会这么想,是因为你划了一条根本站不住脚的底线。用律师行业的话来说,这叫张牙舞爪、虚张声势,任何一个聪明的律师都会一眼就看穿的。所以,我觉得你不应该完全顺从她或者完全反对她。这只会逼得她对你采取同样的态度。"

"我不知道还能怎么办。"

丹想了想:"很久以前,我在朱莉身上也发现了这种问题,"他提到了他的大女儿,"我咨询过几次心理医生。她教会我如何以一种不引起冲突的方式与孩子解决问题。"

"带泰勒去看心理医生?那我只能祝你好运了。"克里斯汀嘲笑道,"你知道我读过多少育儿方面的书吗?"

"我并不是说我们需要去看心理医生。我只是觉得我从处理朱莉的问题中学到了一些经验,可能有助于解决泰勒的问题。仔细想想,我好像不自觉地把我从朱莉那里学到的东西用在了泰勒身上。"

克里斯汀并不买账。"反正我不会让她想干什么就干什么。"

"不是顺从她的问题，而是说父母如何与孩子交流，我们如何倾听他们的想法，以及如何共同解决问题。"

克里斯汀似乎对这次对话已经感到厌倦："我实在听烦了。反正我怎么对泰勒都是错的，你对朱莉就是对的，泰勒的这些问题都是我的错呗。"

克里斯汀爬回了床上。丹很高兴，这场深夜的对话似乎要结束了。但他还是忍不住回应："泰勒会有这些问题并不完全是你的错，也不是她的错。这是我们需要一起解决的问题。"

担心孩子是情理之中的事情，毕竟他们是我们的孩子。有些父母比其他人更加容易忧心忡忡，这是可以理解的。如果你想进一步学习如何解决这些问题，那就接着看下面的内容吧。

RAISING HUMAN BEINGS

第七章
父母的焦虑

在本书的前几章中，我们讨论了父母在孩子生活中需扮演的角色（特别强调了合作者的角色）以及在扮演这一角色时面临的选择。之后，我们又一起学习了如何与孩子共同解决问题。在上一章中，我们了解到了合作中可能会遇到的潜在难题。而现在我们要进一步从父母的角度进行探讨，因为这一章重点要解决的问题是亲子间建立合作关系的最大障碍——父母的焦虑。

能够重视自己作为父母的身份并关心孩子的成长当然是件好事。不希望孩子犯你犯过的错误，也不希望孩子对他自己或他的未来造成不可挽回的伤害，这也是正确的。但如果你一味地被焦虑情绪牵着走，就可能会被蒙蔽双眼，难以看清全局。在这种情况下，你可能会把孩子管得太紧或逼得太急，你也可能会大发雷霆或反应过度。你的判断力会蒙上阴翳，以至于还没到该下定论的时候就匆忙做出了决定。最终，你会像坐着特快列车一般，被重新带回"独断专行"的教育误区。

那到底是什么让你感到焦虑呢?

- 感觉孩子的发展不尽如人意,没有抓住他面临的机会,或者没有达到你对他的期望。
- 感觉孩子会让你难堪,或者他无法满足你的期望而让你丢脸,让你身为父母的形象蒙羞。
- 感觉不管尽了多大的努力,事情都无法好转。

因为你在孩子身上投入了过多的精力,所以孩子的表现很容易影响你对生活的看法。

他在高中时参与的投资俱乐部取得了全州第一名的成绩,你欢欣鼓舞;他七年级时数学考试不及格,你觉得是个灾难,甚至觉得他永远也考不上大学,就算考上大学,也不会是所好大学;他六岁时没有养成良好的学习习惯,你觉得天都塌了,并且认为如果这个问题不马上得到解决,孩子到了十八岁就会彻底完蛋。

但正如我们之前已经认识到的,你的教育并不是决定你的孩子将来做什么以及他做得有多好的唯一因素。

既然你不是影响孩子生活的唯一因素,而且你的基因也可能以各种方式体现在孩子身上,孩子就是多重因素的反映,或者可以说,是各种影响因素的综合体,其中许多因素都与你无关,或者并不完全(甚至完全不)受你控制。

对于一些父母来说,这种责任的分散是一种解脱。而对于其他人——尤其是那些自认为能够完全掌控一切的家长来说，他们觉得只要逼得够紧，孩子就一定能成为自己想要的样子——真相是，这只会带来更多焦虑。

当然，如果你的孩子正在做一些让你或者其他家长担心的事情，那你确实有责任去引导他，而且现在你也知道该如何引导了。

但是，当孩子没达成你的期望，让你觉得自己是个不够格的父母，或者你担心孩子表现得越来越差时，或者当他难以满足你的多种期望时，又或者孩子的状况没有如愿好转，让你感到难堪时……你就很容易过度干预，觉得自己需要立即、坚决地将他带回正道上，这时很多父母就会重新回到方法 A 的老路上。

所有人类——包括父母在内——都有在无能为力时变得特别焦虑的倾向：或是无力实现某些期望中的结果，或是无力产生某些期望中的影响。而当父母感到无能为力时，反而更想使用权力。但是，越用权力控制，反弹就越强，无力感也就越强。

但作为父母，你并不是无能为力的，因为有一个强有力的工具可以帮到你，那就是方法 B。当你意识到你可以不借助权力也能影响到孩子时，这个认知本身就非常强大了。这个强大的认知能帮助你冷静头脑，保持正确的认知，也能帮助你保持平衡。什么平衡呢？那就是在孩子的技能、偏好、信仰、价值观、个性、人生目标、发展方向与父母的经历、智慧和价值观之间的平衡。保持这种平衡可不是件简单的事，这是很难做到的。但难以做到总归要好于束手就擒。

153

对孩子保持清醒的认知对于控制焦虑至关重要。下面这些提示可能会对你有所帮助：

- 孩子需要有尝试新身份的自由，而无须感到自己的些许调整或重新尝试都会变成一场灾难。如果你允许孩子有这种自由，那你就是一个好家长。如果你反应过度或管得太紧，孩子就会失去成长的空间。
- 孩子还需要有犯错误并从中吸取教训的空间。如果你允许孩子这样，那你也算一个好家长。如果你总是想要控制结果或在他尝试时指手画脚，那他就会过于担心犯错，也就无法从错误中吸取到教训了。
- 孩子还需要有在遭遇大风大浪时独立解决问题的机会。当然他也需要你密切关注他的表现。如果你对他的关注不够密切，他可能会因为一次又一次的失败而感到精疲力竭，并放弃再次尝试。但在他第一次陷入困境时你就给予帮助，他可能永远也无法成长。如果他经常能够独立解决问题，慢慢地你就可以相信他的能力了。他可能确实已经可以娴熟地掌握人生的船舵了，尽管在你的印象里他挣扎在湍急的河流中陷于困境的记忆可能更深刻一些，但时常回顾这些总是好的。
- 在孩子无法独自解决问题时，他需要你了解如何去帮助他，这时候我们就用到了方法 B。如果你过于依赖方法 A 来解决问题，你就无法和孩子合作找出解决方案，只会导致更多冲突产生。

但孩子和父母之间产生冲突不是很正常的吗？

如果"正常"意味着常态，那么答案应该是肯定的。但如果"正常"意味着必要，那么这个答案就是否定的了。亲子之间的冲突并非是理所当然的，也并不是不可避免的。你和孩子并不是生来就是敌人。你现在应该很熟悉亲子间的冲突的"配方"了：

- 把孩子未达成的所有期望倒入锅中。
- 未找到双方顾虑的问题就开始搅拌。
- 在混合物中加入竞争性的解决方案（权力斗争）。
- 根据口味添加少量（或更多）的焦虑。
- 加入强制性解决方案（方法 A）并煮沸。

但如果你想和孩子合作解决问题，那你就需要修改一下这个"配方"。当然，适量加入一些焦虑也是一件好事，它能让你时刻保持警惕，并且提醒你有待解决的问题。但过多的焦虑会让你失去理智，最终的结果也会适得其反。父母感到适度的沮丧也是件好事。这种沮丧表明了有些期望是孩子难以达成的，而你需要去了解这个难题背后的原因。然而，过多的沮丧情绪会导致你反应过度。顺便提一下，有些父母在应对由孩子无法满足自己的期望而带来的焦虑和沮丧的情绪时，采用了完全相反的做法：他们最终不再关心孩子，也不再尝试解决问题。当然，这与过度反应一样会使结果事与愿违。就像孩子的表现一样，你的焦虑和沮丧情绪也表明了你们面前有需要解决的问题。

我刚开始做父母时，孩子（尤其是最大的孩子）一旦发烧，我会变得非常焦虑。要是情况变得更严重了该怎么办？要是我不马上带她去看儿科医生，是不是就成了一个失职的家长？带孩子去看医生难道不是一个称职的家长该做的吗？如果我耽误了时间，造成严重后果，我该怎么办？因此，我总是一刻也不敢耽误，提心吊胆地赶紧带她去看儿科医生。而当我从医生那里得知最近确实有几种不同的病毒在传播，孩子的症状也正符合其中一种或几种，她可能在 1~3 天就会好转的时候，我就感到放心多了。现在我不再那么焦虑了，我可以专注于给予女儿爱和关怀。随着时间的推移，我也学到了一些宝贵的经验。首先，我可以少给孩子吃一些退烧药。发烧是件好事，表明我女儿的免疫系统已经被启动起来对抗病毒感染了，而且它们做得相当不错。烧最终会退，呕吐也会停止，孩子会没事的。如果最终发现孩子无法自行痊愈，或者有什么其他严重症状，我会一直密切关注孩子并确保她得到所需的额外护理。最重要的是，我明白了表达关心并不一定意味着控制或过度干预。

应对孩子其他方面的问题也是一样的。所以，表明你焦虑过头的一些明显迹象有什么呢？

- 如果你不停地在想你的孩子还有他的表现，以及他可能遇到的问题。
- 如果你因为孩子发展中的小问题而失眠。
- 如果你经常大吼大叫。

- 如果你发现自己只有通过过度的纠正、指导、训练和批评，才能让事情顺利进行。
- 如果你不停地询问孩子生活的每一个细节。

那么这本书描述的方法将如何帮助你保持清醒的认知呢？

- 首先，它为你提供了一个理解孩子的新视角："只要有能力，他们就能做好"——如果孩子们有能力做某事，他们一定会好好表现，毕竟表现好了大家都喜欢。当你感到十分焦虑或打算强行让孩子接受你的解决方案时，你可以在心里默念这句话。
- 其次，它为你提供了一个新的解决计划。你可以提前找出待解决的问题，并将它们安排好优先顺序，这样你就不会试图一次性解决所有问题，也不需要在紧急情况下匆忙解决问题了。当你有了具体的、主动的解决方案时，你就不会感到那么无助了。
- 再次，当你在使用方法 B 的过程中尝到一些甜头时，你就不会因为孩子无法满足你的期望而抓狂了，因为你相信你和孩子有能力解决好这些问题，并且是一起合作解决。方法 A 就无法让你拥有这种信心。使用方法 A 时，你是孤军奋战，问题也无法得到解决。而有了方法 B，你就没那么大压力了，因为你不必一个人解决问题。你拥有了一个队友。
- 方法 B 还可以确保你能从孩子那里得到相关信息，以便你了解他所顾虑的问题和他遇到的阻碍。他也能从你这里得到相应的信息。他的心声可以被你听到，你的心声也能被孩子听到。当你的孩子与你一起参与解决问题的过程时，他的韧性和能力也会让你感到安心。

- 方法 B 还能让你摆脱判断谁对谁错的压力。你不必反复思考要强制执行怎样的解决方案或惩罚措施，也不用担心引发严重争论或费力迫使孩子顺从于你，你可以与孩子合作寻找切实可行且相互满意的解决方案。你们不再需要针锋相对，而是一起努力解决问题。

- 当你与孩子之间不再针锋相对时，你就可以自由地了解他的技能、偏好、信仰、价值观、个性、人生目标和发展方向了。尽管有些信息可能会出乎你的意料，但相信你还是会被你了解到的内容所打动。而且当孩子不再与你发生冲突时，他也会去了解你的经历、智慧和价值观。由此，你就能够把这些东西都传授给他，你的心情也会更为放松惬意。

- 你学到的新方法能让你放慢步调，帮助你进入一种超然且客观的境界。如果你和孩子能跟随方法 B 的节奏来解决问题，你就会发现想去干涉孩子行为的焦虑变少了。你也会发现，通常情况下，需要担心的事情没想象中的那么多了，你拥有的时间也比看起来多了不少。

- 这个新方法还将帮助你专注在自己身为父母的主要任务上。也就是说,你的任务是试图帮助你的孩子弄清楚他是谁,与此同时,对他施加一定的影响力。你要试着进行有效沟通,要尝试培养良好的亲子关系。记住,你是培养一个人身上最令人敬佩的性格和品质,而不是让你俩都变成自己最糟糕的样子。
- 这个新方法还能帮助你远离那些错误的沟通方式,错误的沟通方式会让你和孩子难以了解及明确彼此所顾虑的问题,还会增加发生冲突的可能性。下面是其中一些例子:

"读心术":父母和孩子揣测彼此动机或想法。

克里斯汀:泰勒要么不告诉我们她在哪里,要么不接电话,肯定是因为她在做一些她不想让我们知道的事情。

人们揣测彼此的想法是件很普遍的事情。问题在于这种猜测大概率是错误的。而且还有一个问题是,大多数情况下我们并不觉得自己猜错了,所以我们回应孩子时总是基于自己的推断而非真实信息。方法 B 的共情阶段可以帮助你更有效地了解孩子真正的想法。你可能永远无法学会读心术,但勤加练习方法 B,你就能够在共情阶段应对自如了。

并不是只有家长会过度依赖自己的推断,用不了多久,孩子也会反过来揣测家长的想法:

泰勒:你老给我打电话就是因为你想控制我的生活。

孩子表现出揣测家长想法的倾向肯定不是一件值得庆祝的事。他有更好的了解你的顾虑的方式——解释大人的担忧阶段可以帮他做到这一点。

灾难化：父母过分夸大孩子目前的行为对其未来幸福生活的影响。

克里斯汀：行，那你就别接电话。把你的生活都毁了吧。你就是想搞砸读好大学的机会，这可是你自己的决定。

通常情况下，有些父母，尤其是那些觉得他们的顾虑没有得到倾听的父母，会误以为这样夸大表述才能传达出自己的顾虑。但正如你之前读到的，那些自己的顾虑得以聆听、验证和解决的孩子往往更愿意考虑他人的顾虑。因此，你不需要为了让孩子知道你的顾虑而过分夸大它们。如果你和孩子是合作伙伴关系，你的顾虑自然会得到解决。

打断：父母会担心他们的顾虑无法得到倾听和解决，所以总是不给孩子表达自己顾虑的机会。你打断孩子说话，孩子也就会打断你说话；你跟孩子大吼大叫，孩子也会跟你大吼大叫。但如果你使用方法 B，你就知道你的顾虑能够得到很好的倾听和解决。只是你需要积累一些实践经验才能对这件事有信心。

方法 B 的好处之一就是它构建出了信息流和解决问题的过程。在共情阶段不讨论家长的顾虑；同样，在解释大人的担忧阶段也不讨论孩子的顾虑。双方的顾虑都具有同等效力，因此不存在谁说服谁。双方的顾虑都能得到倾听，因此也不存在打断对方的必要。

你是否仍然会担心孩子摔倒，或处于危险之中呢？毫无疑问，答案是肯定的。当我的孩子还很小的时候，我总觉得我需要保持高度警惕以确保他们不会受伤。这是非常消耗心力的。而且即使我保持十足警惕，我也无法时时刻刻都保护他们。例如，我女儿三岁的时候，经常站在一个踏板上帮我炒鸡蛋。她知道电炉是橙色的时候会很烫。但她不知道电炉刚关掉的时候，即使已经从橙色变成了黑色，也仍然很烫。因此，有一次我背过身没看到她，她就去摸了一下我刚关的炉子，疼得她大哭大叫了好几个小时。这件事会给她留下终身阴影吗？很难说，但目前来看显然没有。实际上她都不记得这件事了。（顺便说一下，我儿子也被烤炉烫过手，但我不好在这本书中说，因为那是他奶奶照顾他时发生的事儿。）从此以后我也不再那么担心孩子烧伤或者骨折。

现在我的孩子们一个十五岁、一个十八岁，他们在生活中又有其他方面开始让我担心了。我们将在下一章中更详细地讨论这些新的问题。

你的孩子有时会让你感到尴尬吗？这是肯定的。但如果你想想你这么多年以来也会做一些让自己尴尬的事情，是不是就好多了？你这么一想，也能从这些经历中学到经验，放过自己，继续前进。不要担心其他家长、邻居或你的亲戚会怎么想，也尽量不要把自己与他们、把自己的孩子和他们的孩子相比。让自己处于

161

极度尴尬的境地或担心他人的想法只会影响你对孩子的判断。作为父母，你应该关注的是孩子的发展，而孩子发展的过程并不是一帆风顺的。这条道路上会有些许坎坷，我们当然会尽力引导孩子绕过它们，但经历风雨也算是件好事。

顺便说一句，关于尴尬这个问题，你并不是唯一受其困扰的人。当孩子刚进入青春期时，他也会因为你而感到尴尬。

值得注意的是，方法 B 并不能解决所有问题。你还需要知道孩子在不同发展阶段可能会出现哪些问题，以及哪些问题更值得你关注。我们将在下一章中更详细地讨论这一点。

! 答疑解惑

问：你不觉得有时候我应该控制一下我的孩子吗？

答：有时候也许需要吧。但这样的时刻非常少。

问：方法 A 并不是确保我的孩子走上人生正轨的唯一方式吗？

答：没有什么办法能够确保你的孩子一定会走上人生正轨，有的只是提高他走上人生正轨概率的办法。方法 A 可能会暂时减轻你的焦虑，让你觉得自己正在果断地采取某些行动，但从长远来看，它其实并不能减轻你的焦虑，因为它把让孩子好好表现的责任都放在了你身上。如果你能给孩子一个机会，证明他即使失败，也可以靠自己爬起来——在大多数情况下并不需要你的帮助，那么你就不会那么焦虑了。

第七章　父母的焦虑

问：我对事情的发展有很明确的想法，我也希望我的孩子能够按照完美的方向发展。但我的伴侣说我的育儿方式太追求确定性了。您有什么建议吗？

答：我能猜到你和你的孩子之间肯定会出现矛盾，因为他对事物发展的看法和他对"完美"的定义很可能与你的不同，至少在某些方面是这样的。事实上，抚养孩子的过程充满了不确定性。你无法预知或控制结果。你能做的最好的事情就是掌握好你的控制欲与孩子特点之间的平衡，换句话说，就是积极应对你所面临的情况。这就能尽可能接近你想要的"完美"了。

问：当我和孩子谈论我非常关心的事情时，我不知道我是否能够保持冷静。

答：这种顾虑是情有可原的。有些问题谈论起来确实很容易让人情绪激动。但你的孩子可能对此也不会很介意，甚至可能将这种情绪化解读为一种关心，但如果你情绪过剩了，孩子的容忍度可能就会较低。所以，你要尽量做到不过度情绪化，因为你表达的情绪越多，孩子就越难参与到解决问题的过程中。但退一步说，许多父母过度情绪化是由于他们没有一个可靠的方法来解决问题，因此他们在表达顾虑的时候就会用力过猛。但随着你和孩子逐渐认识到方法 B 可以顺利解决你们之间的问题，并且你们在使用方法 B 的过程中尝到了一些甜头，你可能就不会那么情绪化了。

问：不仅是作为父母的焦虑让我难以使用方法 B，还有一个问题就是时间，或者说是缺少时间。在我的工作以及孩子的学校课程、棒球和曲棍球训练、钢琴课、家庭作业还有不同孩子的不同日程安排之间，我到底应该什么时候使用方法 B 呢？

答：这些活动都很好，但找时间与孩子一起解决问题更重要。你需要做的是努力挤出时间。而且，你也不是非得安排一个正式的时间才能与孩子一起合作解决问题；这个时间可以是在去棒球训练的路上、在晚上睡觉前或晚餐后你们一起洗碗时，任何时候都可以。否则，你基本上就没有时间帮助孩子解决这些会影响他生活的问题了。这肯定不是你想要的答案。另外，你也知道，每天都处理同一个问题比挤出时间解决它要更浪费时间。

问：为什么要把解决问题当作优先级任务呢？大学录取时并不关心我的孩子如何解决问题。学校关心的是学生们的学业表现、高考成绩和课外活动表现。

答：大学当然关心学生们的学业表现、高考成绩和课外活动表现。但很多学校和未来工作的雇主也想知道你的孩子是如何思考和解决问题的，以及他是否能够与人合作并从他人的角度思考。他们都明白这些在现实生活中是非常重要的技能。

问：我丈夫比我更担心我们的女儿。他觉得她回家的时间太晚了，认为我们需要给孩子制定更严格的规矩。但我觉得这件事还可以接受。我们该如何解决焦虑程度上的差异呢？

答：尽管你们对女儿的回家时间持有不同的观点，但这并不一定表明你们在焦虑程度上存在差异。在确定你们和女儿之间是否有问题需要解决之前，你们需要先解决父母之间的这个矛盾。我们先假设你和你丈夫之间确实存在焦虑程度的差异。如果焦虑情绪更高的父母在压力之下反应过度，那么焦虑程度较低的一方通常会觉得有必要随之调整自己的焦虑程度，他们会选择要么一起联手使用方法A共同对抗孩子（这无疑是一种对伴侣的善意支持，但同时也漠视了孩子的顾虑），要么忽略伴侣的顾虑（这很明显会让伴侣感到被背叛，甚至更加焦虑）。无论如何，调整焦虑程度是无法解决问题的，只有解决问题才是行之有效的办法。

问：我喜欢征询朋友的建议，我也经常在网络上或在报纸中学习专家的意见。但有时候面对如此多的建议反而让我对如何教育孩子更加不确定了。我要怎么知道哪种做法才是正确的呢？

答：给你建议的这些人可能并不很了解你的孩子，更别提了解孩子对某个未解决问题的顾虑、观点或看法了。因此，他们能做的通常就是为你提供各种理论以及单方面的、信息不足的解决方案。你最需要倾听的应该是你的孩子的建议。

问：爱呢？这难道不是孩子最需要的吗？

答：爱很美好，但光有爱是不够的。我们都知道，有些父母还会以"爱"的名义做一些别的事情，例如打骂孩子，这都不能叫作爱。爱孩子不仅体现在拥抱他、晚上给他盖被子、花时间陪伴他、和他一起玩耍，以及给他买他一直想要的电子游戏，更体现在你花时间倾听他、了解他，并与他一起合作解决影响他生活的大事上。

问：那耐心呢？这也是件好事，对吧？

答：耐心也是一件好事，它也有很多种表现形式。比如，要对孩子的发展节奏保有耐心、耐心等待他准备好应对成长中出现的新障碍；要对孩子独立解决问题的过程充满耐心；还有，在与孩子合作解决问题的过程中也要时刻保持耐心。但要记住的是，光有耐心本身是解决不了这些问题的。

丹尼斯和夏洛特一起开车去杂货店。

"夏洛特，我们再尝试一起解决另一个问题可以吗？"

"可以呀，妈妈。我喜欢和你一起解决问题。"

丹尼斯笑着说："太好了。嗯，我发现你和汉克总是没办法一起看电视，你能跟我聊聊这件事吗？"

"他太自私了。"夏洛特说。

"怎么自私了？"

"他还很霸道。他总是在我看电视的时候过来，逼我看他喜欢的节目。他说我的节目都是给小孩儿看的。"

"和我之前想的差不多。你不喜欢看他的节目对吧？"

"对。他看的都是体育节目和《创智赢家》。"

"那你听一下我说的对不对。你不想看他看的节目，他也不想看你看的节目。而且你看电视的时候他还过来逼着你看他喜欢的节目。我理解的对吗?"

"对。他看的节目都很蠢。"

"那还有其他原因导致你们没办法一起看电视吗?"

"嗯……应该没有了。"

"好……我担心的是,如果你跟汉克在看电视的问题上有矛盾,那你们就会吵起来,你通常就会生气,接着我就得做调解员,但我真的不喜欢在你们中间和稀泥。所以我在想有没有办法能让你看你喜欢的节目,汉克也能看他喜欢的节目,既不会引起争吵,也不需要我做调解员呢。"

透过后视镜,丹尼斯可以看到夏洛特正在认真考虑这个问题。

"我们可以买一台新电视,"夏洛特建议道,"那样我有一台电视,汉克也能有一台电视。"

"嗯,这是个办法。但问题是我们真的没钱再买一台新电视了,所以我不知道这个办法行不行得通。"

夏洛特又思考了一会儿说:"我们可以制定一个时间表。"

"什么样的时间表?"

"就像在学校那样。一个时间段我看电视,另一个时间段汉克看。尼克总是在玩电子游戏,所以他不太在乎看不看电视。"

"这个主意挺有意思。那你什么时候想看电视呢?"

"晚饭前。我想看的节目就是这个时候播。"

"好。不过我不知道汉克看的节目什么时候播,所以我们得问问他。"

"汉克会把他的节目录下来，"夏洛特说，"所以他什么时候看都无所谓。"

"我明白了。嗯，我认为这是个不错的主意。但我还是觉得我们需要和汉克坐下来谈谈，这样我们能找到一个他也能接受的解决方案。你觉得你能做到吗？"

"如果他不那么自私的话就可以。你也会跟我们一起讨论吗？"

"当然，我会帮你们一起讨论出解决方案。但我真的很喜欢你提出的这个制定时间表的想法。我们到时候看看汉克是怎么想的吧。"

"穿梭外交"仍在继续。现在了解了双方的顾虑之后，父母可以作为"解决问题的促进者"让孩子们一起讨论解决方案了。

丹准备好与泰勒一起正式使用方法 B 解决问题了。几天前，他跟泰勒说他和克里斯汀平时得清楚她的行踪。泰勒皱了皱眉，但也没有拒绝这个想法。他们约好星期天早晨一起出去吃早餐，这算是他们偶尔的传统。

在早餐时，泰勒似乎心情不错，所以丹对这次谈话也感到相当乐观。"你知道的，我想和你谈谈我们有时不知道你在哪里的事情。我想听听你的想法。"

正在喝热巧克力的泰勒抬起了头，擦去嘴上的奶油："我们必须要这么做吗？"

"也不一定非要这么做，"丹说，"但我觉得彻底解决这个问题比较好。老实说,天天听你和妈妈为了这件事吵来吵去对我来说可不好受。我猜你也厌倦了这种争吵吧。"(丹过早地表达了他的顾虑,因为共情步骤还没有完成。)

泰勒哼了一声:"确实,但你觉得如果我们聊了,这件事就会好转吗?"

"我不知道会不会有所改变。但我确实想听听你对此的看法。"

"其实我并不介意你们知道我在哪里。毕竟我又不是在做什么坏事。但我已经十六岁了,所以我觉得你们没必要时时刻刻都知道我在哪儿。"

丹很高兴泰勒愿意回应他。"好。你不介意我们知道你在哪儿,但你觉得我们不需要时时刻刻都知道你在哪儿。"

"对,"泰勒说,"但主要问题是我不想妈妈每五分钟就给我打一次电话,问我在哪里,确保我没事。这让我觉得很丢人,而且也很烦。"

丹在想,如果他一直重复她的话,泰勒是不是也会感到厌烦,但他还是进行了更多的反思性倾听。"妈妈每五分钟给你打一次电话,问你在哪里,确保你没事,这让你觉得丢人,也很烦。"

"对,我觉得她关心我是件好事,我也很高兴她能这么关心我,但这有点太过头了。"

丹点点头。泰勒继续说。

"而且不管我怎么跟她说,她都还是那副老样子。"

丹又点了点头。泰勒继续说:"所以,我真不知道为什么我们还要谈这件事情。我改变不了她,你也改变不了她……所以再谈这件事可以说是毫无意义了。"

她可能是对的，丹心想。他总结了一下泰勒的顾虑，说道："好，那你看看我理解得对不对。妈妈担心你，你很高兴；你也不介意我们知道你在哪里；只是你觉得我们不需要时时刻刻都知道你在哪里；你也不想她每五分钟就给你打一次电话问你在哪里；不管你怎么劝她，她都还是跟以前一样，而且你觉得我们对此也没有什么办法，无法解决这件事。"

"你说得对。"

"关于这件事你还有其他想跟我说的吗？"

"我还想不出来。"看到服务员端来的早餐，泰勒看上去很高兴。"我们吃饭的时候可以不说这件事吗？"

"可以，"丹说，"我们吃完还能再聊一会儿吗？"

"应该可以。"

吃完饭后，丹再次总结了他理解到的内容。然后他继续说："所以，我也觉得我们不需要时时刻刻都知道你在哪里。但我们确实需要确认你是否安全。否则，妈妈会很担心的……然后她就会给你打电话。如果你不接电话，妈妈就会更担心，然后她就会一直不停地打。而且你迟早会自己开车出去玩，那时候她会更担心你。"

泰勒翻了个白眼："我说过了，我不介意你们来确认我是否安全。我只是讨厌每五分钟就给我打一次电话。"

丹整理了一下自己的思绪，以便总结双方的顾虑。"所以，我在想有没有办法既能让我们知道你很安全，又能确保你不会每五分钟受到一次电话骚扰。我觉得这有点像'先有鸡还是先有蛋'的问题：妈妈打电话给你以确保你的安全，你因为觉得烦就不接，她就会继续打，但你会一直不接。"

泰勒似乎并不反对这个说法。"你以为她确定了我很安全之后就不会再给我打电话吗？她不仅仅是为了确保我安全才给我打电话。她还会问我一些明明回家后也可以回答的愚蠢问题。她总是觉得每件事都很紧急。"

"所以你不想她给你打电话。"

"我可以接受她偶尔为了一些真正要紧的事情给我打电话，但在她眼里每件事都很要紧。"

"所以对你来说，她给你打电话可能不是让我们确保你安全的最好方式。"

"对。"

"那么在没有电话的情况下，你怎样让我们知道你很安全，以及你的位置呢？"

"我可以每隔一段时间给你们发条短信。"

"具体点呢？"

"我可以每两个小时左右给你们发条短信。如果她答应不再给我打电话的话。"

"嗯，无论我们现在商量好什么，我们都需要和你妈妈再商量一下，确保她那边行得通。"

"她要是不想和我们谈呢？"

丹说："好问题。所以我觉得我先和你谈谈会比较好。"

"确实,但问题不在你身上,在她身上。"

"嗯,我也想确保你的安全。但我们确实需要一个妈妈也同意的解决方案。而且我刚刚仔细一想,觉得每两个小时发一次短信对她来说可能还不够频繁,至少在开始时是这样的。"

"你们没有理由不信任我呀。"泰勒说。

丹想了想说:"嗯,有一次你告诉我们你在图书馆,而实际上你在马尔科家。"

"那是因为我担心如果妈妈知道我在和一个男生一起学习,她会疯掉。"

"对。但那只会让她对你更不信任。而且我觉得信任不是最主要的问题。我们只是想知道你在哪里,以及你是否安全。"

"那我每一个小时发一次短信怎么样?够频繁吗?"

"嗯,我觉得可以。那你可以在短信中告诉我们你在哪里吗?"

"可以。"

"如果你忘了怎么办?"

"那她可以发短信给我。至少她发短信给我的话,我还可以假装是其他人发来的。"

"我觉得这个办法应该行得通,"丹说,"我再和你的妈妈商量一下,看这个解决方案她能不能接受。"

泰勒点了点头表示同意。

"谢谢你和我聊这个问题,"丹说,"比起争吵,我更喜欢这种沟通方式。"

泰勒再次点头,说道:"也许下一次妈妈也能鼓起勇气跟我们聊聊。"

"也许吧。"丹说。

这段对话传达的主要信息是什么呢？有以下几点：第一，再次强调，你的孩子可能不会很情愿地参与到这个过程中来。但她确实希望她的顾虑能够得到倾听，所以先进行共情阶段是明智之举。第二，正如你知道的，自己的顾虑得到倾听的孩子才更愿意去倾听其他人的顾虑，所以解释大人的担忧阶段排在了第二位。第三，孩子可能会对谈话的意义产生一些合理的怀疑。这没什么。第四，双方的关切都具有同等效力。第五，只要你一直关注双方的顾虑——并提出解决这些顾虑的解决方案——你就走在解决问题的康庄大道上。至于其他东西，似乎都无关紧要了。

08

RAISING HUMAN BEINGS

第八章
持久的伙伴关系

在本章中，我们将审视孩子在不同发展阶段可能难以达成的某些期望，以及面对落差时使用家长单边处理策略（方法 A）和亲子合作策略（方法 B）这两种方案之间的显著差异。此外，这一章还会涉及家长何时应寻求专业意见。但本章并不会详尽无遗地介绍，只是举例说明。

婴儿期

吃奶、睡眠、自我安抚以及早期社交技能的发展都属于家长对婴儿抱持的主要的期望。婴儿在面对这些期望时的反应以及达到这些期望的能力，传递出自己在成长技能、偏好和个性方面的很多信息。而当宝宝难以满足这些期望时，父母的反应也向孩子传达了很多信息。

很多婴儿能够不太费力就满足这些期望。而且，大多数父母对婴儿的教育模式通常比较灵活，也愿意适应宝宝的习惯和偏好，例如喂养偏好等。但对于睡眠问题，很多父母就没那么灵活了。假设父母期望孩子能独自在自己房间的婴儿床里睡觉。如果宝宝很轻松地就满足了这一期望，那么就不需要什么解决方案了。但如果宝宝难以达成这个期望，那么父母可能会有以下三种常见的做法。

如果父母选择（暂时）搁置这一期望（方法C），那么，他们可能会允许孩子和自己睡在一张床上。但如果父母不想搁置这一期望，那么他们就得在家长单边处理策略和亲子合作策略这两个方案中做出选择。其中，单边处理策略就是任由孩子哭闹，直到她在婴儿床上睡着为止。尽管家长听到自己的孩子在隔壁又哭又闹会很揪心，但大多数婴儿最终会明白，不管喜欢还是不喜欢，她都只能睡在自己的房间的婴儿床上。慢慢地，孩子也就不再抵抗，能够独自在婴儿床上入睡。但值得思考的是，家长在这个过程中还向宝宝传达了哪些信息？

- 比起你对独自睡在婴儿床上的恐惧，爸爸妈妈对睡眠和夫妻间亲密关系的渴望更重要。
- 比起你对独自睡在婴儿床上的恐惧，爸爸妈妈认为确保你的安全更重要——儿科医生也不建议让你和爸爸妈妈睡在一张床上。
- 爸爸妈妈不打算考虑你在这个问题上的担忧和顾虑。

那方法 B 呢？由于婴儿还无法用语言表达他们的顾虑，父母必须试着去猜测他们的想法。就像你之前读到的那样，你要试图弄清楚孩子在这个问题或其他待解决的问题上有什么困扰，这也能够展示你的共情能力和应对能力。如果你能努力去回应孩子，用合适的方案去解决你猜测到的顾虑，你就是在采用协作解决问题的初级形式。尽管宝宝还不能直接与你合作解决问题，但她也会乐于向你提供反馈，告诉你是否猜对了她的顾虑，以及你的干预是否解决了她的问题。

我们先假设父母已经猜到，甚至已经观察到晃动宝宝（比如抱着孩子摇晃或让她坐在车里）有助于她入睡。并且我们也假设一旦宝宝入睡，父母便能够把她从车里或摇晃的臂弯中安稳地转移到婴儿床上。如果父母的解决方案是摇晃宝宝或开车带着她直到她睡着，并且这个方案也解决了问题，那么他们对方法 B 的初次尝试就算是成功了。如果没有解决问题，那就再回到方法 B 的起点：也许宝宝晚上离父母近一点会感到更舒适，更容易入睡。那么此时的另一个解决方案就是将婴儿床放在父母的卧室里，至少放到父母对此感到不适为止。

那如果用这种方式解决问题，父母又向孩子传达了什么信息呢？

- 你的顾虑得到了倾听。我们也理解你的顾虑（至少我们正在试着去理解）。
- 我们急着想要弄清楚你有什么困扰，也想要试着解决你的困扰。
- 我们希望我们的顾虑也能得到解决。

这些都是很好的信息。亲子关系的发展是一条漫漫长路。开始时就建立好合作伙伴关系是一个良好的开端。

吃奶、睡眠和自我安抚这些问题无疑都需要认真对待，如果你的孩子难以满足这些期望，而你的猜测和解决方案也都没有奏效，那么有各种各样的专业人士可以帮助你，例如儿科医生、家庭医生、哺乳专家等，他们对婴儿和婴儿可能存在的顾虑以及针对这些顾虑的解决方案（双方都满意的解决方案）都很有经验。如果你担心婴儿的早期社交技能——对外界刺激、面部表情以及家长的安抚做出的反应——是否达到了预期发展水平，你也需要寻求咨询。你的儿科医生或家庭医生会在给孩子做健康检查的时候问你这些问题，但如果你在此之前就有所顾虑，就应该提前进行咨询，而不是等到体检时才问。

幼儿 / 学龄前儿童

随着孩子进入幼儿时期，家长对孩子的期望，特别是在沟通和运动方面上的期望，会越来越大。在沟通和运动技能的发展方面，孩子们之间存在着显著的差异。如果家长担心孩子的发展状况，那很有必要咨询一下儿科医生、家庭医生、言语治疗医师或职业治疗师。随着孩子语言表达能力的发展和提高，生活中的某些方面可能会变得更具挑战性，但这种新技能也可以让亲子合作策略变得更加容易。之前只能用方法 C 解决的问题，现在就可以逐渐用方法 B 解决了。

例如，如果父母在孩子处于婴儿期时使用方法 C 来处理其能否独立入睡的问题（搁置问题），那么他们可能会在孩子幼儿期的时候提高对孩子的要求——期待孩子能睡更长时间——也期望他们自己睡眠不足等各种相关问题能够得到解决。也正是在幼儿期，孩子们开始能够感知到他人的痛苦，这是共情能力的早期标志。因此，家长对孩子痛苦的回应方式会为孩子日后如何回应他人的痛苦提供一个早期参考。

孩子在幼儿期面临的所有问题和期望中，最让父母担心的就是如厕训练。和孩子其他技能的发展一样，不同的孩子在上厕所这个问题上的表现会有很大的差异。所以要再次强调，我们不需要过分关注其他孩子在这方面表现得多好或多坏，你周围的家长们肯定会对他们的孩子在某方面取得的惊人进展大讲特讲，但当谈到他们的孩子做得没那么出色的方面时就会有所遮掩了。

和孩子成长过程中的其他方面一样，孩子对于如厕训练的反应也为家长提供了许多个人发展方面的信息，例如孩子的技能、偏好、个性等。有些孩子会迫不及待地开始学着上厕所，可能是因为他们看到了哥哥姐姐或同龄人已经能够达成这个期望；有些孩子却对此根本没有兴趣。这时候如果家长执意要对孩子进行如厕训练，便会错过很多信息；而且如果孩子上厕所的时间与家长的时间安排有矛盾，那也会引起很多冲突。

179

但如果家长想送孩子去上的幼儿园要求孩子必须自己能上厕所，该怎么办呢？如果使用方法 C，家长会搁置这个问题，至少暂时是这样的——也许他们觉得孩子目前还不能满足这个要求或他们不想要逼迫孩子。在这样的情况下，他们可能会把孩子送到另一个对上厕所要求没那么高的幼儿园去。

但如果家长不选择搁置这一期望，那他们就又要面临在家长单边处理策略和亲子合作策略之间做选择的处境了。如果使用方法 A，那么家长会强行解决这个问题，也许会逼着孩子坐在马桶上，不上完厕所不准下来。与大多数问题一样，跟等孩子准备好了再进行如厕训练相比，逼迫孩子上厕所带来的危害要大得多。事实上，如果只是家长着急，孩子却不愿意自己如厕的话，那么如厕训练就会成为权力斗争的体现。这种方式会向孩子传达什么样的信息呢？

- 比起你对上厕所的抗拒，爸爸妈妈对你成功进入这个幼儿园的渴望更重要。
- 比起你对上厕所的顾虑，爸爸妈妈想要摆脱使用尿布、给你清洗身体等任务的渴望更重要。
- 爸爸妈妈不打算考虑你在这个问题上的立场。

那方法 B 呢？首先，和之前一样，父母与孩子要先进行"共情"。如果孩子现在能够用语言进行沟通表达，那父母就不用再去猜测孩子的想法，而是可以直接和孩子对话。如果孩子还不能熟练使用语言，那么父母还需要继续猜测孩子的顾虑。下面是可能会发生的一个对话：

父母：艾米莉，你想在小马桶上试着坐几分钟吗？看看是什么感觉，好不好？

艾米莉：不！

不？我们先偏离一下话题，谈谈你的孩子使用的"不"这个字，这是幼儿期的孩子经常使用的一个字。当然，这也是家长常用的一个字。但是，"不"这个字不能成为亲子间权力斗争的导火索。你最好还是弄清楚你的孩子说出的这个"不"字意味着什么，而不是说"不什么不。听我的！"。"不"字可能表示"我只是重复了你经常对我说的话"，也可能表示"我不像你那样急于解决这个问题"，还可能表示"我现在正有事儿"或者"我还没有认真考虑过这个问题"。它也可能只是"条件反射性的否定"，意思就是孩子几乎对任何新想法都说"不"。但它绝大部分时候都不意味着"我觉得没必要听你的"或者"我在挑战你的权威"。

我们还是回到如厕的问题。

父母：我发现你很喜欢看妈妈坐在大马桶上呀。那为什么你不想坐在小马桶上呢？

艾米莉：我就是不想。

父母：你不用坐。我只是想问问你为什么不想坐上去。

艾米莉：因为它很吓人。

父母：哦，我明白了，它很吓人。那它哪里吓人呢？

艾米莉：它就是吓人。

父母：嗯，我知道它很吓人。那你能告诉我它哪里吓人吗？

艾米莉：我怕我会掉下去。

父母：啊，你担心会掉下去。我很高兴你能告诉我这个。那坐在小马桶上还有其他吓人的地方吗？

艾米莉：没有。

父母：你确定吗？

艾米莉：嗯，就是这个原因。

父母：只是因为你怕掉下去吗？

艾米莉：还有我不想把尿或便便弄到我身上。

父母：啊，你不想让尿或便便弄到自己身上。那你的意思是如果你在小马桶上如厕，就会把这些东西弄身上，对吗？

艾米莉：嗯。

父母：我很高兴你能告诉我这个。那你穿尿不湿的时候会把这些脏东西弄到身上吗？

艾米莉：会。

父母：但穿尿不湿的时候你就不难受了，是吗？

艾米莉：是的。

父母：如果你坐在小马桶上就会难受？

艾米莉：是的。

父母：好。那关于如厕你还有别的什么事情想跟我说的吗？

艾米莉：没有。

父母：好。我记得你一直说想穿那种大女孩穿的内裤，如果你要穿那种内裤，就得在马桶上如厕。

艾米莉：我现在不想穿那种大女孩穿的内裤了。

父母：啊，好的。你也不是必须穿那种内裤。我只是提一嘴，因为你之前一直那么说。但也许有一种方法可以既确保你不会掉进马桶，还可以确保尿和便便不会弄到你身上，这样你就可以多穿大女孩穿的那种内裤了。

艾米莉：你可以扶着我。

父母：你坐在小马桶上的时候我扶着你？

艾米莉：这样我就不会把那些脏东西弄到身上了。

父母：对，确实可以。我觉得这个主意不错。这样你就愿意坐在马桶上如厕了，也不会把脏东西弄到身上了，对不对？

艾米莉：对的。

父母：那我们什么时候试一试呢？

艾米莉：晚饭后吧。正好在我洗澡以前。

父母：这个时间不错。

艾米莉：是的。

父母：好的。那我们到时候试试。

艾米莉：但只能试一小会儿。

父母：好的。只要你上完厕所，我们就结束。

妈妈和艾米莉最后解决问题了吗？还没有。这没关系吗？是的，大多数问题的解决都是循序渐进的。大多数期望也不是一下子能够满足的。你必须严格按照方法 B 的阶段执行才能完成任务吗？不一定。但方法 B 确实可以构建好解决问题的框架，这样你就不会遗漏了。

等等，真的吗？和三岁的孩子用方法 B 吗？

是的，真的。

三岁的孩子也有顾虑吗？

当然有。请记住，即使婴儿也有自己的顾虑。

三岁的孩子能够表达他们的顾虑吗？

如果孩子不能很好地表达自己的顾虑，有很多办法可以帮助你不通过说话就收集到信息。比如，孩子可以用图片来描述顾虑，用网络上的图片搜索功能就可以。你只需输入一个关于顾虑的词，就会有很多图片供你选择。你可以把展示各种顾虑的图片都打印在一张卡片上，这样孩子就可以指着图片来表达她的顾虑了。你也可以用同样的方法做一个解决方案的"菜单"。虽然在参与方法 B 时，实际年龄似乎是个关键因素，但我合作过的一些三岁的孩子，他们在语言表达方面甚至比一些十七岁的孩子还要厉害。

有些孩子只是不愿意说话。当然试着引导孩子开口交流有时候也会有用，但对于不愿意说话的孩子，还有另一种策略，就是教孩子用手指表示你说的话的准确性：五根手指表示"非常准确"，四根手指表示"比较准确"，三根手指表示"部分准确"，两根手指表示"不太准确",一根手指表示"完全不正确"。然后,你就可以猜测孩子对某个待解决问题的顾虑,并看看他们如何对你的猜测打分。也许你会一猜而中,大获全胜;也许你的孩子会因为你猜得不准而感到沮丧,反而开始说话了。

如果方法 B 不能成功解决孩子如厕方面的问题,那你就需要寻求在该领域有经验的专业人士的指导了,但也要小心那些推荐使用方法 A 作为解决方法的专业人士。在不同文化中,关注孩子如厕问题的时间也各不相同。例如,一些文化中的儿童要比北美地区的儿童更早接受如厕训练。而在美国,许多五六岁的儿童还会至少每周尿床两次,通常是因为孩子在身体发出"快醒醒吧,再不醒就要尿床了"这一信号时还无法顺利起床。但如果你的孩子在这个年龄(甚至更大的年龄)仍然尿床,你就应该告诉你的儿科医生或家庭医生。如果你的孩子在这个年龄仍然难以做到在马桶上排便,那往往是由便秘或其他医学问题引起的,也需要你与医生讨论一下。你肯定不希望这些问题成为你和孩子之间冲突的根源;冲突并不能帮助你弄清楚孩子难以满足期望背后的原因,并且无法帮助你和你的孩子共同解决这个问题。

幼儿园时期

五岁的孩子通常对他们喜欢穿什么、吃什么、玩什么都有着非常明确的想法,包括知道一个人要怎么玩、如何应对困境以及父母不在身边时自己也可以玩得很开心等。换句话说,到了这个年龄，孩子已经能在技能、偏好、信仰、价值观、个性、人生目标和发展方向方面明确表达自己的想法了。

在这个年龄，孩子最大的问题就是与父母分离，特别是因为上学跟父母分开。再次强调，不同孩子对这个问题的表现存在着巨大的差异。有些孩子头也不回，对父母一点儿也不留恋。这些孩子的父母虽然会为这种轻松感到宽慰，但也会因为发现孩子没有自己也能独处而感到痛苦。其他一些孩子则会因为要跟完全陌生的人待在一起而被吓傻，无论家长对此多么热情与自信也于事无补。

在此之前，你的孩子可能已经给你预演过她会如何应对这个问题，因为在第一天去幼儿园之前，她可能已经有过长时间跟父母分开的经历，比如上日托班或早教班，或者被留在保姆或爷爷奶奶那里。无论你的孩子以前是否表现出分离焦虑，你都应该提前做一些准备：提前一段时间和孩子讨论入园第一天的问题，了解孩子的想法，也可以借用玩偶或虚拟人物进行角色扮演。在入园第一天之前参观幼儿园也可能会有所帮助，这样你和孩子都可以更好地了解幼儿园里那些完全陌生的人。当然，即使你觉得你已经提前做好了充足的准备，你的孩子可能还是会让你感到惊讶，她会紧紧抱住你的腿不让你离开。

令人遗憾的是，以前的家长通常会用方法A来解决这个问题：家长会把孩子留给幼儿园里的陌生人，认为如果孩子哭闹起来，幼儿园里"陌生的老师"会处理；而且，他们也不会一直都是"陌生的老师"。尽管通过这个方法，一些孩子最终也能适应下来，但我们还是要思考，是否还有其他方式可以解决这个问题，以及这种解决方式向孩子传达的信息是否是你所希望的：

- 生活中充满着不如意之事，你会没事的。
- 比起你留在陌生人身边的恐惧，我不想上班迟到的渴望更重要。
- 我不打算考虑你在这个问题上的顾虑。

父母也可能会选择方法 C。也许幼儿园的老师会让家长在教室里待上几周，这样一来分离焦虑就被搁置了（至少是暂时），也许这是循序渐进解决分离焦虑问题的第一步。尽管这可能会引来其他父母的围观，但你要坚持下去，因为你比他们更了解你的孩子。也许你的孩子在这个问题上稍微落后于他的同伴会让你有些尴尬，但你应该已经知道孩子们的发展是有差异性的，这个认知能帮助你保持客观与理智。虽然你会为那些没有分离焦虑的孩子感到开心，但你更应该关注的是自己的孩子。当然，方法 C 并不是长久之计；你不可能一整年都待在幼儿园的某个教室里。所以，到了某个节点，你可能就需要使用方法 B 了。

家长：我发现妈妈不在的话，你一个人待在幼儿园很难。这是怎么回事呢？

蕾切尔：我不知道。

家长：好吧，那我们想一想。因为我知道这对你来说太难了。

蕾切尔：为什么我要去幼儿园呢？

家长：因为你现在长大了。在幼儿园你可以和其他小朋友一起玩，还可以学到新东西，这是个好事。而且，有时候在幼儿园你不是也挺开心的吗？

蕾切尔：我不想长大。我想和你待在一起。

家长：我知道。我也喜欢和你待在一起。但我们还是先说说为什么你不能一个人上幼儿园好不好？

蕾切尔：我在幼儿园会想你。

家长：啊，你会想我。那你想我的时候都会想些什么呢？

蕾切尔：我不知道。我会想到你的脸。

家长：我的脸？

蕾切尔：是的。

家长：你会想我的脸呀？当你想象我的脸的时候你又在想些什么呢？

蕾切尔：想到你是我的妈妈，我想和你待在一起。

家长：还有其他的吗？

蕾切尔：没有。

家长：确定吗？

蕾切尔：嗯……

家长：你可以慢慢想。

蕾切尔：就是一种感觉。

家长：一种感觉？什么感觉呢？

蕾切尔：我也不知道。我不知道该怎么说。就是一种感觉。

家长：难过的感觉，还是担心的感觉？

蕾切尔：就是一种感觉。

家长：我大概明白你的意思了。但事实是我不能一直和你待在幼儿园。而且，我白天也有很多事情要做，如果我一直在幼儿园陪你，我就做不了这些事情了。

蕾切尔：你可以在幼儿园放学之后做这些事情。我可以和你一起做。

家长：哦，你不用担心我，在我接你回家后，我们还有很多事情要一起做。但你在幼儿园的时候，我也需要做一些事情。所以我在想有没有什么办法可以让你不那么想我，这样我就不用一直待在幼儿园，然后就可以去完成我需要干的事情了。你有什么想法吗？

蕾切尔：没有。

家长：好吧，我们可以一起想想。

蕾切尔：我不想一个人待在幼儿园。

家长：我知道。但我在想有没有办法能让你在想我的时候不那么苦恼。

蕾切尔：你可以和我在教室待一会儿，然后去图书馆待着吗？那样的话，即使我看不见你，我也知道你就在那里。

家长：嗯，这个主意不错。那我在你身边待一会儿，然后就去图书馆，这样你就能习惯我不在你身边了，对吗？

蕾切尔：是的。

家长：好，我们可以试试。我觉得这是一个好办法。

这个问题完全解决了吗？还没有。他们正在努力吗？是的。下一个阶段是什么呢？那就是父母和孩子一起讨论。如果妈妈不能在图书馆待着怎么办？如果她确实需要去工作呢？那么这个解决方案就不切实际，也不能让双方满意了，他们需要合作找到一个新的解决方案。

当你选择用这种方式解决问题时，你在向你的孩子传达什么信息呢？

- 你的顾虑得到了倾听。爸爸妈妈理解你。爸爸妈妈是你可以信赖的人，也很在乎你以及你的感受。
- 如果你无法独自解决这个问题，爸爸妈妈不会丢下你让你一个人面对。
- 爸爸妈妈是你的伙伴。
- 爸爸妈妈渴望弄清楚你的困扰，也渴望尝试解决你的问题。
- 爸爸妈妈也希望我们自己的问题能够得到解决。

如果通过方法 B 也无法解决孩子分离焦虑的问题，你可能就需要寻求在心理健康方面有经验的专业人士的指导。你不需要他们做出诊断，只需要那些曾经有过经验、可能有更多解决方案的人为你提供一些帮助。

小学时期

在小学阶段，孩子面临的挑战一点都没有变少。实际上，在这个时期，来自人际社交、行为举止、学业成绩甚至体育运动方面的压力都会变得更大。而很多对孩子抱有期望的家长这时候都习惯性地依赖方法 A 来"帮助"孩子应对困境。

当然，这也可以成为一段有趣的亲子时光。这个年龄段的孩子通常都很喜欢和父母一起玩耍。但如果孩子不愿意跟父母待在一起，那说明他们可能正处于不那么愿意接受父母对他们的事情给予帮助的时期。这是一个好迹象，说明孩子正在朝着更自主独立的方向发展。当然，孩子对父母帮助的抗拒，也可能意味着他们对习惯用方法 A 解决问题的方式产生了不满，并开始用同样的方式回应家长。

我们先来一起讨论孩子学习方面的困难。比方说，你的孩子在背诵乘法表上遇到了困难。如果你暂时把对孩子学习乘法表的期望搁置一旁（可能是因为孩子在学习上有其他更重要的问题），那么你使用的就是方法 C。或者孩子觉得自己可以独立解决这个问题，而你也听之任之，那也是在使用方法 C。这个时候，你只要密切关注并定期确认孩子的情况就可以了。如果她确实自己解决了问题，那就太棒了，这会增强她在问题解决方面的自我效能感，即相信自己有能力完成任务和实现目标。但是，如果问题没有得到解决，你就需要一个新的方案了，也就是说你得再次在亲子合作策略和家长单方面处理策略之间做出选择。

孩子的老师可能有一些办法来帮助孩子背诵乘法表。我们先假设老师强烈推荐使用记忆卡片来解决这个问题。如果你强行用记忆卡片的方法让孩子去背诵乘法表，那么你就是在使用方法A。那要使用方法B呢？那可能就会是这个样子的：

父母：我发现你在背乘法表上遇到困难了。怎么回事？

乔丹：很多孩子都背不下来。

父母：好吧，那我放心一点了。但我还是很担心你。

乔丹：嗯，可我又不是没努力。

父母：对，我知道你很努力。我只是觉得你背起来还是有点困难，所以我想我们是不是可以聊一聊。

乔丹：我不太擅长背东西。

父母：嗯，我以前也不太擅长。

乔丹：真的吗？

父母：对。我以前学西班牙语的时候，经常要记一些长篇的文章，还得当着全班同学背诵，这对我来说真是太难了。所以，我能理解你背乘法表可能会很困难。

乔丹：你以前也背不下来乘法表吗？

父母：我记得我背下来了，可能是因为你的奶奶以前会在车上陪我练习。

乔丹：在车上练习？

父母：对。那时候我们在车上只能播放你的奶奶喜欢的音乐，但我不太喜欢，所以她就会跟我一起练习背乘法表。

乔丹：你喜欢吗？

父母：喜欢，这样背起来挺有趣的。

乔丹：我讨厌数学。

父母：嗯，可能就是因为你背不下来乘法表。

乔丹：贾瑞特老师让我用记忆卡片去背。

父母：你不喜欢这样背吗？

乔丹：对。根本没有用。

父母：嗯，我猜贾瑞特老师一定是觉得这对你的学习很重要才让你去背的。我也觉得背会乘法表很重要。而且背会了这个，以后你学数学也就更容易了。

乔丹：对，老师也是这么说的。

父母：但这并不代表记忆卡片就是最好的解决方案。

乔丹：嗯。

父母：所以，我在想除了使用记忆卡片这个方法，是不是还有其他帮助你记忆乘法表的方法，这样你以后学起数学来也不会那么困难了。你有什么想法吗？

乔丹：我们可以像奶奶和你那样吗？

父母：你是说在车上练习？

乔丹：对。

父母：可以。你觉得会有帮助吗？

乔丹：我们可以试试。但是我的朋友在车上的时候就不要背了。

父母：好的。

如果方法 B 没有解决你的孩子在学业上的困难，你可以和学校老师谈谈，也可以寻求心理健康领域的专业人士或神经心理学专家的指导，看看他们的观点能不能为解决孩子的问题提供一些有用的信息，或者帮助你在解决方案上拓宽思路。需要再次强调的是，你需要的不仅仅是一个诊断结果，即使学校可能需要这个结果来为孩子提供帮助。你需要的是了解孩子学习能力的大体情况，以及影响她学业进展的因素。因为学校的一些老师仍然喜欢用"缺乏动力"和"不努力"来解释孩子们在学业上遇到的困难，所以你要牢记我们说的核心主旨——尤其是"如果孩子有能力就一定会做好，因为孩子都想表现出色"——这样你就不会觉得孩子在学业上的问题是缺乏动力造成的了。

当然，孩子在学校里需要做的也不只是学习，也会对孩子们的行为举止有诸多要求，包括长时间保持安静和专注、认真听老师的指挥、与他人合作学习或玩耍、在不同活动之间无缝切换等。如果你的孩子无法满足这些期望，那你可就有的忙了。比起行为举止上的个体差异，一些教育专家更认同学习中的个体差异，尽管这两个方面都与孩子的技能有关。人们通常会给行为举止方面有问题的孩子贴上一些陈词滥调的标签，比如认为他们的行为是在寻求关注、操控父母、试探学校底线或缺乏人生的动力等。接受这些标签可能让你感到压力十足，但你要做的是挑战和质疑这些传统观念，并且温和地坚持从更准确、更富有同理心且更利于孩子成长的角度看待她遇到的问题。需要指出的一点是,孩子在学校遇到的 70%~80% 的行为问题都可以追溯到特定的学业问题上。因此,硬要将行为问题与学业分开讨论是不合常规的——二者通常是密不可分的。

因此,确定孩子在学校出现行为问题时的具体场景是很重要的,例如在数学课上、集体活动时、课间休息或校车上。孩子的行为有助于精确定位她在这些情境中难以达到的特定期望。例如,如果你的孩子在完成需要大量书写的作业时注意力不集中,难以完成作业,总是和同学聊天,那么你需要解决的就是这些需要大量书写的作业,而不是这些问题的副产品,即孩子的行为。如果你只针对这些具体行为进行干预,那么就永远无法明确、了解和解决真正的问题。再次强调,如果把孩子的表现视作一条河流,那么他们的行为永远处于河流的下游,而导致这些行为的问题才是真正的上游。我们更需要关注河流上游的情况。

和之前一样,方法 A 是针对这些问题单方面提供的解决方案——例如,让孩子课间不休息,一直练习抄写。方法 C 就是搁置、适应或调整问题,或者看看孩子是否能够自己解决这个问题。方法 B 呢?下面的例子就是老师和学生使用方法 B 的讨论过程。没错,这是一本写给父母看的书,但方法 B 不仅仅局限于帮助家长和孩子解决问题,让老师参与到解决过程之中也是一件好事。毕竟他们也是帮助孩子发展的一个重要群体。

老师:我发现你在科学实验课上总是不认真听讲。这是怎么回事儿呢？

卡琳：我不知道。

老师：好吧，我们来想一想。因为我注意到你只有在科学实验课上才不听讲。

卡琳：上其他课的时候，你不介意我们聊聊天或开开玩笑。但如果我们在科学实验课上聊天的话，你就会生气。

老师：啊，我明白了。确实是这样。我在其他课堂上会更放松一些。

卡琳：是的，所以如果我们在科学实验课上聊天，你就会生气，还把我们赶到走廊里罚站。

老师：是，我确实是这么做的。所以这就是你在科学实验课上不认真听讲的原因吗？因为在其他课堂上我允许你们聊天？

卡琳：嗯，让我安静下来不说话太难了。

老师：我明白了。那为什么这么难呢？

卡琳：我不知道。我觉得我只是太喜欢交朋友了。

老师：确实，你很喜欢交朋友。我也很喜欢你这一点。

卡琳：但你不喜欢我在科学实验课上这样。

老师：不，不是在科学实验课上不喜欢。你看啊，你们在科学实验课上要用化学试剂，我担心这些东西可能会爆炸，会伤害到大家，所以在科学实验课上我必须管得更严一些。所以，在使用化学试剂的时候我对你们就没那么放松，因为我不想大家受伤。你明白了吗？

卡琳：明白。

老师：所以，我在想我们要怎么解决科学实验课上社交的问题，尤其是当我们使用化学试剂时，这样我才能确保没有人会受伤。

卡琳：上课聊天的同学不止我一个。

老师：是，我知道。我一会儿也会跟别的同学讨论这个问题。

卡琳：我之前不知道你为什么在科学实验课上对我们要求更严格。现在我知道了以后，我觉得要认真听讲对我来说也不是很难。而且我也可以帮你劝其他孩子认真听讲。

老师：哦，那太好了。那如果我发现你还是会聊天该怎么办？

卡琳：你可以提醒我，但不要把我赶出教室。

老师：好的，但之前我一直在提醒你，也没什么用，所以我只能把你赶出教室。

卡琳：嗯，但现在我知道原因了。我觉得提醒我会有效果的。但我觉得你也不需要经常提醒我。

老师们真的会使用方法 B 吗？是的，有很多老师在用。但遗憾的是，还不够——至少现在还不够。有些老师可能是因为他们仍然在行为纪律方面秉持着那些传统观念，但大多数老师主要是因为他们工作表现的优劣取决于学生在高水平测试中的成绩。高标准当然是好事，但这种对于考试表现的过度追求使许多老师感觉自己像是致力于调整机器人的维修工，而不是帮助孩子做好准备去迎接现实世界中各种需求和挑战的人生导师。正如你之前读到的，这些需求和挑战包括拥有独立的想法、高度的同理心、解决问题的能力和团队合作能力，而孩子们并不能通过学业测试获得这些技能。老师们很难坚持在孩子们的生活中扮演这样关键的角色，因为他们当前的职责正在将他们引向一个截然不同的方向。当你同情老师的境遇的时候，你肯定也希望他们能与你的孩子共情。别忘了，当我们和孩子一起解决问题的时候，我们也为孩子在当下和未来的生活中如何与他人协作解决问题树立了榜样。

如果孩子的行为问题积习已久并且情况复杂，使用方法 B 也无法改善，那么最好咨询一下心理健康专家，看看他们能否提供一些新想法或者拓宽解决方案的思路。对于某些行为问题，你也可以选择使用药物治疗，特别是对于多动症、冲动控制障碍、注意力不集中、易怒、焦虑、强迫症以及暴力倾向等问题。药物能够解决其中一些问题，并让孩子更容易满足环境对他们的要求，但在采取行动之前一定要三思。重要的是要记住，我们所关心的这些行为不仅受到孩子性格特征的影响，同时也会受到环境特征的影响。在尝试药物治疗之前，你可以先调整一下环境，或许孩子的行为问题就能得到解决。即使在使用药物之后，你可能仍然需要对环境进行调整。

并不是说应该不惜一切代价避免使用药物，有时候药物治疗还是很有用的。但我们确实应该避免将孩子视为"问题所在"，或者认为他们是需要"修正"的对象。特别是在美国，一些心理健康专家可能会过早采取药物干预措施。

青春期早期

在小学阶段，对孩子的要求和期望已经相当多了，但到了初中，来自学业和社交方面的要求则会爆炸式增长。同龄人之间的关系变得更加紧张，他们变得更具有同理心，也会更加冷酷残忍。孩子进入青春期的时间有早有晚，这个时期并不像人们说的那么痛苦，但确实可以加深孩子对之前他们不曾在乎之事的了解。不同于小学的一两位老师，在中学时代，孩子要面对多位老师，而且这些老师每天要给数百个学生上课，而不仅仅是二三十个。一些初中老师秉持着"不努力就落后"的教学理念，认为他们的责任就是把孩子从小学的温室拉进残酷的中学世界中（值得庆幸的是，许多老师认识到中学对孩子来说可能是发展最艰难的时期，因此愿意扮演一个更加有同理心、更有助于孩子发展的角色）。除此以外，你的孩子可能会变得不愿意与你交流，也更不愿意接受你在生活上给予的指导与帮助。那个曾经与你无话不说的孩子现在变得不那么爱和你交流了。那个曾经喜欢和你一起出去玩的孩子现在可能会觉得跟你一起出现在公共场合会很尴尬。

所有这些因素都会加剧父母和孩子之间的紧张关系。而且我们还要补充重要的一点，青春期的孩子正在更积极地厘清、了解并努力适应他们独特的技能、偏好、信仰、价值观、个性、人生目标和方向，有时他们会看起来有点迷茫（尽管他们已经很努力去避免了)。在这个厘清的过程中,他们会形成自己对食物、服装和发型等方面的偏好、信念和价值观,这些都可能与你的价值观、经历和观念不符。

用托马斯·潘恩(英裔美国思想家)的话来说,这是考验家长灵魂的时刻……通常这时候他们会选择控制孩子而不是影响孩子。所以说,在合作式解决问题还是单方面强行解决问题方面我们还有很多功课要做。而这往往也是合作关系中主动给予帮助的一方发挥重要作用的时刻,尤其是要拥有强大的内心,不能过于敏感。如果你在初中之前已经与孩子一起使用过方法 B 去解决问题,那么这些交流将会非常有用——它们已经帮助你建立了沟通和解决问题的基础——但这并不保证将来孩子也能对方法 B 保持高涨的热情。如果你还没有开始使用方法 B 怎么办?那现在正是时候。

尽管许多孩子在青春期都会经历一些挫折,但他们大都可以满足家长在这一时期对他们新的期望与要求,基本顺利地度过青春期初期。但我们现在假设你发现你的孩子被同龄人霸凌了,这时候你该怎么办呢?在美国,我们花费了大量的时间和金钱来教育孩子友善对待彼此以及社区里的其他人(遗憾的是,我们在小学阶段非常重视这种教育,之后就懈怠多了),并且大多数州都要求学校制定反霸凌政策。但不幸的是,许多学校的这些政策都具有明显的方法 A 倾向,即忽视了霸凌者也经常被霸凌的事实,以及霸凌者本身缺乏的一些技能——特别是同理心、换位思考和认识到个人行为会如何影响他人的能力,而这样的政策通常只会将明面上的霸凌行为逼为地下形式。

如果学校的反霸凌教育和政策都无法解决这个问题,那么你的孩子很有可能仍然受到同龄人的霸凌。如果你决定密切观察孩子的情况,看看她是否能够自己解决这些问题,或者你采用一种"孩子的问题必须她自己来解决"的心态,那么你使用的解决方案就是方法 C。如果你决定不把问题搁置在一旁,那么使用方法 A 意味着你在没有孩子参与或同意的情况下采取一些单方面的行动,可能是致电学校校长或班主任,要求立即采取行动严惩霸凌者。鉴于这时期的孩子对同龄人的看法越来越敏感,以及他们越来越不喜欢家长单方面干预的做法,这可能不是理想的解决方法,因为这会让孩子觉得,比起他们对家长的解决方式的看法,家长更在乎自己的顾虑有没有得到缓解。

那么,方法 B 会是什么样子的呢?

父母:我发现你最近不再在卡拉家玩儿到很晚了。怎么回事?

珍:没什么。

父母:你确定吗?

珍:嗯,我觉得她不想再和我做朋友了。

父母:嗯。怎么了?

珍:我不知道。她不理我了。

父母:她不理你了?为什么呢?

珍:但我不想你给她妈妈打电话或者做些类似的事。

父母:不,我不会给她妈妈打电话,除非你想让我打。

珍：我不想你打。

父母：我知道了。

珍：好的。

父母：那你说她不理你了是怎么回事呢？

珍：嗯，她对玛格丽特有点刻薄，而玛格丽特又不会捍卫自己。所以我开始多跟玛格丽特一起玩了。卡拉可能因为这个生气了。所以她就不和我一起玩了。

父母：这个问题是挺棘手的。不过我很欣慰你能支持玛格丽特。

珍：是啊，现在玛格丽特是唯一愿意和我玩的人。卡拉已经拉着别人一起不理我了。

父母：太让人伤心了。

珍：就像爷爷说的，好心没好报。

父母：我不确定爷爷说的这句话对不对。但我很遗憾你的好心没有得到好报，至少到目前是这样。

珍：随便吧。

父母：嗯。你还好吗？

珍：我还好。我觉得玛格丽特人很好。虽然她平时很安静，但她要是聊起天来也很有趣。而且我还有足球队里的朋友。

父母：但我猜曾经的好朋友现在不理你了，你也很难过吧。

珍：是的。

父母：那你需要我的帮助吗？

珍：不需要。我的意思是，我不知道你能做什么。

父母：好吧，不过别担心，我不会不跟你商量就擅自行动的。但我在想我们可以做些什么来帮帮你。

珍：你知道卡拉这个人的。一旦她认定一个人是什么样，那怎么做都没用。我的意思是，我喜欢和她做朋友，但我不喜欢她刻薄的样子。所以现在她对我也很刻薄了。

父母：好吧。学校里有人知道这件事吗？

珍：你是说老师吗？

父母：是的。

珍：他们才不在乎这些事情。

父母：嗯，或许他们在乎呢。至少他们应该在乎。

珍：别给我的老师打电话！

父母：珍，别担心——我不会给任何人打电话。我们只是随便聊聊，就像我们以前那样。

珍：我甚至不应该和你说起这件事。

父母：不应该？为什么？

珍：我不知道。我应该自己处理好这些事情。

父母：我明白。但为什么呢？

珍：因为我这个年龄的孩子不应该再向父母求助了。

父母：嗯。我不这么觉得。我这么大的人还是会和你的爷爷奶奶聊我的烦心事。

珍：真的吗？

父母：当然。有时候他们会为我提供一些我没有想到过的想法。有时候就算只是有个人能陪你聊聊天也是好的。

珍：嗯，但我觉得我们已经对这件事无能为力了。

父母：可能吧。那你打算怎么办？

珍：我想再等一段时间，看看情况如何，说不定卡拉会不这么在意了。

父母：好吧。如果事情恶化……或者好转了，一定要告诉我。因为我觉得我们不能就这样让事情自行发展下去。你懂我的意思吗？

珍：我知道了。

这个案例以方法 B 开始，然后又转为方法 C（至少现在是这样），顺应了孩子当下的顾虑。尽管如此，家长还是从交流中了解到了与此相关的一些重要信息。如果家长决定不能这样放任问题自行发展，就可以重新使用方法 B，继续讨论可能的行动方案，最终得出一个现实可行且双方都满意的解决方案。当然，家长是否要及时采取干预措施取决于具体情况如何。

即使需要一段时间才能解决问题，也还是能说明方法 B 起作用了吗？是的，如果你比之前了解到了更多的孩子的顾虑，那就说明它起作用了。如果你的孩子愿意倾听并理解你的顾虑，也能说明方法 B 起作用了。如果你和你的孩子能共同努力解决各自的问题，那么它也起作用了。我们说它起作用了是因为你在向你的孩子传达这样的信息：你是可靠的父母，你对她的生活很好奇，你关心她幸福与否，而且你也知道如何成为一个理想的合作型父母。

如果方法 B 不能解决你的孩子在学业或社交方面遇到的困难——尤其是那些积习已久的问题——那么你可以寻求专业人士的指导。但是，如果你决定采取亲子合作方式而不是单方面采取行动，你可以让孩子自己去和你找来的专家进行沟通，这样效果会更好一些。

青春期

对一些孩子来说，进入青春期意味着他们成长中最混乱的时期已经过去。而对于其他一些在青春期早期状态相对平稳的孩子来说，他们的躁动才刚刚开始。在这个阶段，社交和学业方面的压力仍然非常大，但又增加了酒精和恋爱等其他因素（尽管这些因素可能更早就已经出现了），还有考驾照、大学入学考试和大学申请等诸多事情。在这个阶段，如果家长依旧想要在孩子身上施展自己的影响力，那么你和孩子之间产生矛盾的可能性就更大了。

到了青春期，你的孩子应该对你的价值观、人生理念和经验非常熟悉了。关键问题是，你的孩子是否清楚你对她抱有的期望。如果你没有明确自己的期望，你的孩子（以及她的同龄人）会认为你觉得她怎么样都可以，那么孩子就可能会发展成任何一种样子。如果你和你的孩子都不知道你的期望是什么，那她有没有达到你的期望也就无从谈起了。

当然，如果你非常清楚你对孩子的期望，那么你可选择的解决方案也就十分清晰了：密切观察，看孩子是否能够自己解决问题（方法C）；调整或暂时将某个期望搁置在一旁（这也是方法C）；单方面强行执行解决方案（方法A）；和孩子共同努力找到一个既现实可行又能使双方都满意的解决方案（方法B）。

我们先来谈谈酒精的问题。你能接受孩子在聚会上喝几杯啤酒吗？如果有专门的司机开车，那是不是多喝几杯也没问题呢？还是说你完全禁止孩子喝酒呢？如果你要求孩子完全禁酒但孩子不同意，你愿意做多大的退让呢？

你是否希望在恋爱交往方面向孩子给予一些指导呢？当荷尔蒙（或者她男朋友）驱使她大踏步向前的时候，你希望她能大胆拒绝还是放慢脚步呢？或者你是否愿意让她自由发展恋爱关系呢？你能接受孩子随心所欲地发生性关系吗？还是你觉得发生肢体接触前应该明确两个人的关系？你能接受所有性行为吗？只要没有性传播疾病和怀孕的风险你就可以接受孩子发生性行为吗？你是否愿意为孩子提供避孕措施呢？你能否接受学校为他们提供避孕措施呢？

你希望在帮助孩子准备大学入学考试方面发挥多大的作用？你希望在帮助孩子申请大学方面发挥多大的作用？当孩子徘徊在是上大学还是走一条不一样的人生道路时，你又希望在帮她做出这个人生选择上发挥多大的作用呢？

现在我们来想想面对分歧，你可做的选择吧，尽管和之前谈到的都差不多。假设你的女儿和她的男朋友已经相当认真地交往一段时间了，直觉告诉你，或者显而易见地，他们现在正在考虑发生性关系。你可以选择密切关注，看看她是否能自己处理这个问题，或者告诉她你信任她的直觉，也相信她足够聪明，知道如何避免怀孕和感染性传播疾病（方法 C）。选择方法 A 意味着你完全禁止她发生性关系，如果她拒绝配合，那么你就会禁止她和那个男孩继续交往。这样强迫孩子执行你单方面提出的方案，她可能会不听话，而且也可能导致孩子从此在这个问题上不愿意再和你交流。那么使用方法 B 会是什么样子的呢？

家长：有件事我们总归是要谈一谈的。

克莱尔：不，别了吧。

家长：什么别了吧？

克莱尔：你是想说我和罗比的事，对吗？

家长：嗯，确实。

克莱尔：我不想谈罗比的事。

家长：我猜你也不想跟我谈。而且我们也不一定非得现在聊这个。我只是想跟你说明几点。

克莱尔：我不想说这件事。

家长：看得出来，你们两个在这段关系中越来越认真了，我们聊一下你们的事儿又不犯法。

克莱尔：这太尴尬了！

家长：我不觉得这有什么好尴尬的。

克莱尔：你在担心什么呢？我们什么都没做！

家长：嗯，我知道你们这个年纪的孩子交往一段时间后，就会发生点什么。我想知道你还好吧？

克莱尔：我没事！谢谢。

家长：好，我希望能和你多聊一聊你们的事情。

克莱尔：你不觉得这应该是我自己的事情吗？

家长：嗯，我的确同意这是你的事。但我觉得跟我也有关系。

克莱尔：好吧，但现在不行！我需要做一些心理准备。

家长：那什么时候可以呢？

克莱尔：周日晚上。不，还是算了，周日晚上我总是因为第二天要上学所以很有压力。还是周六下午，曲棍球训练之后。

家长：你确定吗？

克莱尔：算了，我根本不想跟你聊这个！

家长：我觉得聊聊天不会像你想的那么糟。

克莱尔：我觉得情况会比我想的更糟糕。要是我答应你，如果要发生什么重大的事，我们一定会采取安全措施呢？

家长：嗯，有什么重大的事情会发生吗？

克莱尔：我不确定。

家长：你想发生什么重大的事情吗？

克莱尔：我也不确定。

家长：罗比想做什么重大的事情吗？

克莱尔：是的。

家长：那罗比知道你还不确定吗？

克莱尔：知道。所以我们还什么都没做。

家长：罗比逼你做什么了吗？

克莱尔：没有。

家长：你看，我们现在不是聊得好好的吗。我们接着聊怎么样？

克莱尔：天哪。

家长：聊这个问题有那么糟糕吗？

克莱尔：也没有那么糟糕。只是这是我的隐私，是我自己的事情。

家长：是。我也同意这是你的事情。但是，作为父母，我需要保证你的安全，确保你做之前想清楚了。我还没打算让你完全自由发展。这并不是说我觉得你自己想不清楚。这只是说明我关心你，我想确保你做的一切对你都是有意义的。

克莱尔：你总是告诉我爱情是没有意义的。

家长：确实，那么怀孕和染上传染病就更没有意义了。

克莱尔：学校里有免费的避孕用品。

家长：是，我知道。你们知道怎么用吗？

克莱尔：我六年前就在学校上过人体健康课！没那么复杂！

家长：如果你不确定自己是不是准备好了，那是不是就说明你没有准备好呢？

克莱尔：我不知道。

家长：你知道的，如果气氛到了，就很难拒绝了。

克莱尔：天哪！

家长：我说得对吗？

克莱尔：真不敢相信我们竟然在聊这些东西！

家长：我们为什么不能聊这些呢？

克莱尔：我不知道。

家长：嗯，看来你不觉得自己会被逼着做什么事情。

克莱尔：如果你觉得我会被迫去做什么事情，或者觉得我会和强迫我的人约会，那就有点侮辱我了。

家长：我没这么觉得。我只是想确认一下。而且听起来你已经考虑过采取避孕措施了。

克莱尔：是的，妈妈。

家长：如果你对这件事有任何顾虑的话，你会和我聊聊吗？

克莱尔：也许吧。

家长：你觉得自己在情感上已经准备好了吗？

克莱尔：在做好准备之前，我不会轻举妄动的。就像你总说的，有时候直到事情真的发生了，你才能知道自己准备好了没有。但是如果真的发生了什么——我不是说马上就要发生了——而且我感觉有些不舒服，我会告诉你的。

家长：好。

克莱尔：我们聊完了吗？

家长：聊完了。

克莱尔：我猜要你开口跟我聊这个也很不容易吧。

家长：确实是这样。

你之前积累下的解决问题和处理困扰的模板在青春期依然是有用的。它们虽然不能保证一切都会顺利进行，但至少可以帮助你解决一些问题。

大学及以后

当孩子离开了家这个温馨的港湾，你就会一身轻松了吗？天哪，还差得远呢。然而，到了这个时候，即使之前从来没有放手过的父母现在也都已经接受他们再也无法掌控孩子的生活这个事实。如果一切顺利的话，你的孩子现在已经对自己的技能、喜好、信仰、价值观、个性、人生目标和方向都有了更明确的认识，尽管人生旅程可能还会随着阅历的丰富而改变方向。但你仍然可以为孩子提供自己的经验、理念和价值观，你的孩子现在可能更容易接受你说的话。事实上，她甚至会主动寻求你的帮助。你的孩子仍然需要一个合作伙伴，只是这个合作伙伴的用处可能没那么大了——现在她几乎都是以自己的意见为主。但方法 B 的作用不会因年龄而改变。

你处理孩子面对的问题的方式以及你在处理过程中给孩子传达的信息会影响到你们之间的关系、你们的沟通方式、你对孩子的影响力以及问题是否真正能得到解决。请允许我再重复一次，教育孩子就是种瓜得瓜，种豆得豆。我听很多父母说过，他们很高兴自己的孩子终于长大了，因为孩子青春期（甚至是童年）的时候他们之间的关系非常糟糕，但现在他们终于可以好好交流了。事情发生了好转当然是件好事，但他们本可以从小一直这样交谈和合作的。当然，我也认识其他一些父母和孩子，他们之间一直就充斥着冲突与争吵，最终也没有得到改善。在孩子的整个成长过程中，你都应该是孩子的合作伙伴。虽然在成长的过程中孩子对你的需求可能会有所变化，但她成长的每一步都需要你作为她的伙伴陪伴在她左右。也许有一天，孩子会告诉你她不再需要你这位伙伴了，但你可以欣慰的是，作为一名伙伴你在过去的岁月里起到了非常棒的陪伴和支持作用。

❗ 答疑解惑

问：很多使用方法 B 的案例看起来都很简单！但为什么我自己尝试使用方法 B 的时候这么难呢？

答：方法 B 实施起来的确没那么容易。本书的案例中有些是进展得比较顺利的，当然还有一些比较困难的。有些话题本身就更容易与孩子进行讨论。但大多情况下我们面临的最大的问题是孩子不愿意参与到这个过程中来，通常是因为她已经习惯了使用方法 A，而没有发现你正在试图用合作而不是惩罚的方式来处理问题。因此，她可能需要一段时间才能慢慢明白。与此同时，正如你在一些例子中看到的那样，孩子对方法 B 可能会比较反感。但你一定要坚持下去。即使有时候你会感觉孩子在拒绝你，但同时也有迹象表明，她正在逐渐（尽管还是很勉强）参与到这个过程中来。这就是进步。

但是，即使是经常使用方法 B 的孩子，也并不总是热衷于和父母分享信息——这说明他们的独立性越来越强，而且他们还可能会以父母不怎么喜欢的、不太文明的方式来表达自己的热情不足。尽量不要因为孩子的语气或态度感到生气。如果你的孩子能够说出自己的顾虑，认真倾听你的顾虑，并提出了可行的解决方案，那即使她的态度不够友好，也算一种进步。太多的家长只注意到孩子的语气和态度，而没有注意到孩子其实已经在参与这个过程了。这可能还不够好，但总比其他选择要好一些。

问：这一章的内容让我回想起我孩子小的时候。那时候我很清楚我想和她建立什么样的关系。但随着她的成长，我逐渐迷失了方向，好像忙碌的生活将我慢慢淹没。对此您有什么建议吗？

答：大家都很忙碌，确实很容易迷失方向。而且随着孩子年龄的增长，家长的期望值越来越高，愿望无法实现的风险也越来越大，很多父母就不那么愿意和孩子合作解决问题了。不妨想一想，你希望孩子长大后怎么评价你，这可能对你会有些帮助。你说得没错，随着孩子年龄的增长，你和孩子之间的关系可能会变得没有那么确定无疑了，存在着很多可能性：

任何事情都可能让她抓狂，所以我们什么都谈不拢。
他是一个很好的听众。
她很体贴。
他善解人意。

我们从不交流,因为我觉得他忙于生计。

她从不关心我的兴趣爱好。

我觉得他不太了解我。

他工作很忙,但几乎从不缺席我的比赛。

即使我把事情搞砸了,她也会支持我。

我觉得我不能犯任何错误,因为他总是反应过度。

我觉得他习惯于长期扮演一个领导角色,而我长大后不喜欢这样。

他每件事都要说自己是对的。

她总是让我觉得自己不够好。

他总是要占上风。

她很聪明,她能知道我什么时候准备好了聆听她的建议。

她爱我,但我从不确定她是否喜欢我。

他接受了我原本的一切。

她用批评我的方式来表达对我的关心,我希望她能用其他方式来表达她的关心。

你希望孩子如何评价你?这也许是一个值得开始思考的问题。

问:如果在使用方法 B 时,我和孩子的顾虑存在直接冲突怎么办?

答:尽管你和孩子的顾虑可能会反映完全不同的观点,但它们是不会存在直接冲突的。实际上,只有当你跳过表达顾虑的阶段直接寻求解决方案时,才有可能产生冲突。这种冲突不是以相互矛盾的担忧的形式出现,而是以相互矛盾的解决方案的形式出现(也就是我们说的权力斗争)。以下可以证明这点的案例:

孩子:我今晚在凯特琳家过夜可以吗?

家长:当然可以,如果她妈妈在家的话。

孩子:她妈妈今天上晚班,所以应该不在家。

家长:那就不行了。

孩子:为什么?

家长:还有谁会和你一起呢?

孩子:特蕾莎和乔妮。

家长:你在开玩笑吧。特蕾莎和乔妮玩儿得太野了——你知道的,她们的父母允许她们喝酒。而且你之前还跟我说,凯特琳和她们在一起的时候也会变得有点疯。

孩子:是这样,但我不喝酒。

家长:可我不想你受到诱惑。如果她们三个都在喝酒,我觉得你也很难坚持自我。

孩子:她们知道我不碰这些,所以她们也不会拉着我干。

家长:没什么好说的。如果凯特琳的妈妈不在家,我是不会同意让你在她家过夜的。

孩子:你以为凯特琳的妈妈会拦着她们喝酒吗?她在不在家根本没区别。

家长:对不起,但我是不会同意的。

孩子：那我可以在她家待一会儿但不过夜吗？

家长：不行。

孩子：真是岂有此理！你为什么不相信我？！

好了，这就是使用方法 A 解决问题的方式。现在最大的问题是：方法 A 是解决这个问题的最佳方案吗？换言之，通过禁止孩子和喝酒的朋友一起玩来阻止她喝酒，这个方法现实吗？有没有其他方法让父母安心呢？我们是不是应该试试方法 B 呢？

孩子：我今晚在凯特琳家过夜可以吗？

家长：当然可以，如果她妈妈在家的话。

孩子：她妈妈今天上晚班，所以应该不在家。

家长：那就不行了。

孩子：为什么？

家长：还有谁会和你一起呢？

孩子：特蕾莎和乔妮。

家长：你在开玩笑吧。你为什么那么想和她们一起玩？

孩子：嗯，我其实只想和凯特琳一起玩。但她也邀请了特蕾莎和乔妮过来。她们毕竟是我的朋友，我也想和她们一起玩。我不能因为她们喝酒就不跟她们玩儿吧，我不想自己待在家里过周末。

家长：我明白。那会有男孩来吗？

孩子：没有男孩。

家长（叹气）：我知道你不想周末晚上一个人待在家里。我也知道你有一些朋友会喝酒。但凯特琳的妈妈不在家看着她们让我不放心。

孩子：妈妈，凯特琳的妈妈在不在家没区别。我们在地下室玩儿，她根本不知道我们在干什么。

家长：好吧。我的顾虑是，我不想让特蕾莎和乔妮带着你一起喝酒。

孩子：妈妈，她们知道我不会做那些事情，所以她们也不会拉着我干。

家长：她们一点都不给你施压吗？

孩子：她们会问我要不要，我会拒绝。但是如果我不干的话，她们也不会嘲笑我。她们不是那种人。

家长：那你不觉得被排挤了吗？

孩子：没有。感觉还不错。

家长：你非得在她家过夜吗？

孩子：不是。我的意思是，在她家过夜肯定很有趣。但如果你会因为这个生气的话，那我就不过夜了。

家长：嗯……毕竟凯特琳的妈妈不在家，我更希望你能不在那里过夜。但是如果你真的想住的话，我也相信你。

孩子：我们就是要看一部恐怖电影然后就睡觉了。没事的。

家长：你不是讨厌恐怖电影吗？

孩子：是。但即使看了我也没事的。

家长：如果有任何事情让你不舒服了，你会打电话给我吗？

孩子：会的。

家长：那我把手机放在身边，随时等着你。

孩子：如果有需要的话，我会打电话给你。

问：我的另一半不愿意使用方法 B，甚至不愿意读这本书。您有什么建议吗？

答：你可以先和你的丈夫或妻子用方法 B 进行沟通。在共情阶段，你能够了解他或她在想什么。他或她是不是还在坚守着那一套旧观念？他或她是不是担心自己不会使用方法 B 呢？他或她是不是仍然认为合作就等同于让步？他或她是不是担心使用方法 B 的时候，自己的顾虑无法得到理解和解决呢？

许多成年人只是完全出于习惯而使用方法 A。实际上，他们对方法 A 可能并没有什么强烈的信念，这只是他们成长时经历过的方式，他们从未认真考虑过这个问题。当然，我们的目标就是帮助他们认真考虑这个问题，特别是思考常规的训诫方法是否达到了预期效果的问题。

还有一个选择——正如即将见到的丹和克里斯汀的例子那样——是让不愿意使用方法 B 的家长作为观察者参与进来，即使只是让他们旁观讨论也是一个很好的开始。当他们看到这种方法是怎么实施的，看到它是有效的，他们就会更愿意尝试使用这个方法了。

问：但是我丈夫说，他的父母在他小时候用方法 A 跟他解决问题也很管用。我该怎么回复他呢？

答：这取决于他所说的"管用"是什么意思。或许稍加思考后，他会意识到，如果他小时候的顾虑能够被理解，他和父母一起参与到了解决问题的过程中，那将是一件多么美好的事情。也许他甚至会同意和父母合作解决问题是在为进入现实世界而做的必要准备。

问：我曾被告诫说，父母在孩子面前保持一致很重要，这样孩子就不会感觉很"分裂"。那如果一个家长决定使用方法 A，而另一个家长不同意，您有什么建议呢？

答：在这种情况下，感觉"分裂"的并不是孩子。如果一个家长仍然使用方法 A 来解决问题，而另一个不同意，那么父母已经在如何解决与孩子有关的问题上"分裂"了。如果一个家长认为某个问题急需解决，而另一个家长不这么觉得，那么他们在这个问题上也已经"分裂"了。因此，父母需要抱团，需要就先解决哪个问题和先暂时搁置哪个问题达成共识。然后，他们需要考虑方法 A 是否有可能解决某个火烧眉毛的问题，以及如何一起同心同德地使用方法 B。

问：您能谈谈方法 B 和韧性以及自我认同的关系吗？

答：韧性和自我认同是当今流行的时髦词汇，但我们应该仔细思考它们真正的含义。韧性是勇敢面对挑战、逐步解决问题、在每一次克服困难的过程中都变得更强大的能力。当你们提出的第一个方案没有解决问题时，你可以重新审视问题，并和孩子一起再度努力，最终找到一个更加现实可行且让双方都满意的解决方案，这个过程就可以培养韧性。而自我认同反映了一个人在面对生活中的种种期望时对自己的认知和掌控感。许多父母告诉我，他们的孩子自我认同感很低，自我感觉很差。但是如果你能够帮助你的孩子用积极主动、合作共赢的态度和系统化的、有组织有步骤的方式解决问题，那你就是在帮助她提高自我认知和掌控感。解决的问题越多，她的掌控感就越强，这不仅体现在这些问题上，还会体现在那些甚至还没有出现的问题上。

问：那关于自尊呢？

答：如果你的孩子确信他的担忧是合理的，如果他有信心以一种别人能够理解的方式表达这些担忧，如果他有能力提出现实可行且令双方都满意的解决方案，如果他对自己的技能、喜好、信仰、价值观、个性、人生目标和方向感觉良好并且过着与之一致的生活，如果他能从你的人生智慧、经验和价值观中学到些什么，那么他就正自由翱翔在自尊的王国里。

问：如果孩子不诚实，就很难合作了，对吗？

答：说谎通常是方法 A 的副产品，因为孩子试图避免让你生气或抓狂。但是，你的愤怒不会让孩子变得诚实。正如你读到的，当你认真询问孩子的顾虑并和她共同解决问题时，孩子就没有什么必要撒谎了。

问：能就孩子不尊重父母、轻慢无礼的举止再多说一些吗？

答：孩子们对成年人的无礼态度通常也是方法 A 的副产品。当家长们认真了解了孩子们的顾虑，并对这些顾虑不妄加评判而只是去验证的时候，孩子们就会感到被尊重，他们也会向父母回馈尊重。因此，当你的孩子说"你是世界上最糟糕的父母"或者"我讨厌你"时，那就说明你需要用合作的方式解决问题（可能你正在使用方法 A 处理它）。你使用方法 B 的次数越多，你的孩子说这些话的可能性就越小。

结束了与谢丽尔的交谈后，凯拉像往常一样，下了班就直接去了布兰登的卧室。这次他正坐在床上，面前放着几本书。

"你醒了？"

"我睡不着。"布兰登说。

凯拉坐到布兰登床边。"小可怜儿。你在看什么书呢？"

"历史书。"

"我都不知道你们现在历史学到哪儿了。"

"现在在学第一次世界大战的内容。"

"有意思吗？"

"还可以。但奥特夫人上课的方式很无聊。她上课就是自己滔滔不绝地讲个不停，我们得把她说的都记下来，但我有一半时间都听不懂她在说什么。"

"我明白了，"凯拉说，"所以你现在是为考试复习？"

"是的，但根本没用，因为她考试只考课堂上讲过的内容。"

"但你上课又跟不上她讲的。"

布兰登点了点头,说道:"所以这门课我的成绩一直不太好。"

托尼出现在房间门口,问:"你俩没事吧?"

"嗯,没事。"凯拉回答。

"他怎么还没起床?"

"我们在聊天,"凯拉说,"没事的。"

托尼拿起布兰登的成绩单说:"这上面的内容可不太好。"凯拉突然想起自己上班前把成绩单放在了梳妆台上,布兰登看起来很害怕。

"我们正在聊这个呢。"凯拉说。

托尼走进卧室。"我看你们已经聊得够多的了。你愿意让他蒙你,那是你的事。但我不会让人拿我当傻子耍,尤其是布兰登这种小孩。"

"我觉得他没蒙我们。"凯拉说。

"我每天晚上都问他需不需要我帮忙补习功课,他总说他有把握。历史不及格可不是'有把握'。数学考了C级也不是'有把握'。天哪,你还要被他骗多久?"

"我没被骗,"凯拉说,"他知道他得提高他的成绩。"

"他知道?就这样?"托尼瞪着布兰登,"你快给我起床。"

布兰登睁大眼睛,但没有动。

"托尼,我不需要你的帮助。"凯拉恳求道。

"你知道什么!"托尼说。他伸手抓住布兰登的胳膊要把他拉起来。凯拉把他的手推开了。

"别碰他,"她厉声说,"我说了我不需要你的帮助。"托尼试图抓住凯拉的手臂把她拽走。但布兰登跳了起来,抓住了托尼的胳膊。可托尼一个转身就把布兰登摔在地上。

"别碰他!"凯拉尖叫道。

布兰登从地板上站起来,试图扑向托尼,但后者的体型远大于他。托尼又把他摔到了地板上。凯拉挡在两个人中间,大叫:"我说了,别碰他!"

托尼盯着凯拉幸灾乐祸地笑了。"我确实不需要管他,"他说,"你愿意让他毁了自己的生活,那是你的选择。他是你的孩子。"

托尼走出了房间。凯拉哭了起来。布兰登过来安慰她:"对不起,妈妈。"

我们能从这个情景中学到什么呢?那就是我们已经说过的,当孩子的顾虑完全被忽视,家长想单方面采用方案来解决问题时,孩子往往会展现出最糟糕的一面。

丹尼斯安排了一场夏洛特、汉克和她自己都会参与的谈话,他们现在都坐在餐桌旁。她还得确保汉克和夏洛特没有挨着坐。

"妈妈,我可以坐在你腿上吗?"夏洛特问道。

"我希望你现在能坐在椅子上,"丹尼斯说,"但解决了这个问题后你就可以坐在我腿上了。"

汉克开始出洋相,他假装成领导的样子说道:"今天我召集大家开会是为了……"

丹尼斯打断了他，说："我们开始吧。我还要准备晚餐……或者我也可以点个比萨外卖。"

"我要吃比萨！"汉克插话道。

"嗯……好吧……但我们现在要谈的不是这个。"丹尼斯深吸了一口气，开始实行方法 B。"我已经和你们两个人谈过电视的问题了，所以我已经了解了你们各自的顾虑。现在我想把这些顾虑拿出来供大家参考，这样我们就可以共同想出一个大家都满意的解决方案。"

两个孩子都没有提出反对，所以丹尼斯继续说道："汉克，你的顾虑是夏洛特总是占着电视，所以你不能随时看你的节目了。夏洛特，你的顾虑是汉克总是强迫你看他喜欢的电视节目。我说的对吗？"

"你说得很好，妈妈。"夏洛特说。

"别忘了你最偏心她，总是站在她那边的事。"汉克说。

"嗯，我没有偏心她，我知道你觉得我总是站在她那边，但现在我哪边也不站——实际上，应该说我哪边都站……总之，我觉得如果我们能解决这个问题，你就不会觉得我总是站在她那边了，因为我们会想出一个让你们两个人都满意的解决方案。"

汉克和夏洛特都没再多说什么，所以丹尼斯继续说道："我在想，我们能不能找到一种方法，既可以让汉克有时间看他喜欢的节目，又不用强迫夏洛特看她不喜欢的节目。"然后，她把发挥空间交给孩子们，让他们提出解决方案："现在，你们两个可以跟我说说你们想到的解决方案，既然我们都坐在一起了，那我们就再听听你们的建议。"

"你可以让爸爸多给你点钱,这样你就能再给我买一台电视了。"汉克说。

丹尼斯不确定汉克是认真的还是在开玩笑。"嗯,可是爸爸不会多给我钱的,"她说,"夏洛特,你有什么想法?"

"我之前说,我们可以制定一个时间表,"夏洛特说,"规定好我和汉克各自看电视的时间。"

丹尼斯看着汉克,问:"你觉得这个想法怎么样?"她担心他会立刻否定妹妹提出的任何想法。但他的回答让她感到意外。

"意思是有的时候你看,有的时候我看?"

夏洛特点了点头,问:"妈妈,现在问题解决了,我可以坐在你腿上了吗?"

"你是宠物狗啊?"汉克讥讽道。

丹尼斯试图让事情回到正轨:"汉克,别闹了。认真点,你觉得制定电视时间表的主意怎么样?"

"我没问题,"汉克说,"我的节目都已经录好了。只是夏洛特总觉得电视是她的,所以我只能把遥控器夺过来才能看我想看的。"

"我没说电视是我的。"夏洛特反驳说。

"那你为什么总是——"

丹尼斯打断了这个话题:"好了!电视是我们家的!我们能说正事吗?夏洛特,你想什么时候看电视?"

"我下午从特拉瓦诺夫人那里回来后就想看。"夏洛特说,特拉瓦诺夫人是她的托儿所老师。

"那大概是下午六点左右,"丹尼斯明确了一下,"汉克,你基本上放学后都直接回家,所以你可以在夏洛特回家之前看电视。"

"是的,但我放学回家之后就要开始做作业,"汉克说,"所以我不想那时候看电视。我想之后再看。"

"你大概三点半到家。你做作业要花多少时间?"

"至少两个小时。"

"你一回家就做作业?"

"不,"汉克说,"我先放松一下。但不看电视。"

"那我哄夏洛特睡觉的时候你不是就可以看电视吗?"

"可以。"

"所以说如果我们要制定一个时间表,就需要弄清楚你们想什么时候看电视。"

汉克提出了一个方案:"夏洛特每天下午六点回家后看一个小时的电视,然后我从七点开始看。"

"那我可以看多久?"夏洛特问。

"一个小时,"汉克回答,"可以看两集《摩登家庭》……或一集《飞哥与小佛》和一集《狗狗博客》。"

夏洛特似乎很满意。

丹尼斯问:"你觉得可以吗,夏洛特?"

夏洛特点了点头。

"她看完之后就你看吗,汉克?"丹尼斯问。

"对。"

"如果有时候我想我们一家人一起吃晚饭,那该怎么办?"丹尼斯问,"跟时间表冲突了怎么办?"

汉克的态度倒是很灵活:"就算跟吃饭冲突了,她也可以看一个小时。"

夏洛特又想了一个主意,问:"我可以跟汉克一起看吗?"

汉克看起来很惊讶,问道:"你是说看《创智赢家》吗?"

"是的。我觉得洛丽很漂亮。她的衣服也很好看。"

"你可以和我一起看,"汉克说,"只要别吵着让我换台,也不要让我给你解释都讲了什么。"

夏洛特说:"我不会问你任何问题的。妈妈,我现在可以坐在你腿上了吗?"

"我们讨论完了吗?"丹尼斯问道。

"我好了。"汉克说。

"我也好了。"夏洛特说着,爬到丹尼斯的腿上。"我需要把这个时间安排写下来吗?"丹尼斯问道。"不用,我们都明白了。"汉克回答。

还不错,丹尼斯想着,然后打电话订了外卖比萨。

第一次和几个孩子一块儿尝试方法 B 可能会进展顺利,也可能不会这么顺利——通常情况下是不会的。你可能要先改掉很多之前的不良的沟通习惯,但一定要坚持基本原则:先让一个孩子说自己的顾虑,最好不要让另一个孩子打断;接下来轮到另一个孩子说,同样也不要被打断;然后一起探讨解决方案,解决双方顾虑。你是问题解决的促成者,而不是调解员。

丹和克里斯汀一起开车去商场。

"我和泰勒谈过她是不是应该汇报行踪的问题了。"丹先说道。

"你说了？"克里斯汀问道。

"是的，前几天说的。"

"然后呢？"

"我们想出了一个也许可行的解决方案。但我得问问你是否同意。"

"什么解决方案？"

"她每小时会给我们发一条短信，告诉我们她是否安全以及她在哪里。如果她没有发短信，我们可以发短信问她。"

"这和我给她打电话有什么区别？天哪，这孩子就是永远都不满足。"

"嗯，我确实觉得有所不同，"丹说，"如果你给她打电话，她的朋友就会知道是你。这让她很尴尬。但如果她收到的是短信，那就可能是任何人发的。这种方式更隐秘一些。"

"好像妈妈打电话来确认她的安全是件多丢人的事儿似的！"克里斯汀不满地说道。

"我觉得在他们这个年龄，这确实会让孩子尴尬，特别是那么频繁地打电话。"

"如果她不给我们发短信怎么办？如果她不回复我的短信又怎么办？"

"那我们再找她谈。但我觉得这个解决方案也许能起一些作用，而我们现在用的方法肯定没用。"

克里斯汀忍住了想讽刺一下的念头，深吸了一口气："好吧，你们的解决方案是这样啊。我很高兴你能和女儿坐下来好好聊天。可惜我做不到。"

"嗯，这就是问题所在。我还没有同意这个解决方案。我告诉她我们需要听听你的意见。我觉得我们需要一起——我们三个人最终敲定这个方案。"

"我们三个人？那不就把事情搞砸了吗？我对这个解决方案很满意。你就告诉她吧。我不想把事情搞砸。"

"哦，但我不想就我一个人和泰勒解决问题。"

"为什么？你很擅长这个。我甚至都不能和她好好说话。"

"嗯，我觉得我们应该试着做些改变。"

"怎么，我们难道要坐下来开一个家庭会议吗？我们要唱颂歌吗？"

"克里斯汀，别闹了。我知道这对你来说也不容易，但我们应该试一试。你什么都不用说，我在旁边说就行。"

"泰勒愿意这样吗？"

"嗯，她也没有特别热情，但她是愿意的。她想让我们的关系变得更好，即使她也很怀疑我们是不是真的能做到。"丹将车开进了停车位。

"嗯，我可不想拖后腿。"克里斯汀说道。

几天后，丹、克里斯汀和泰勒在泰勒卧室里进行了他们约好的谈话。

泰勒先说道："这太奇怪了。"

"是的，看起来确实有点奇怪，"丹说，"我们很少这样坐下来聊天。"

"我们就从来没有这样坐下来谈过!"泰勒说,"至少不是我们三个人。"

泰勒看着克里斯汀问:"你要说些什么吗?"

"我可能不会说太多,"克里斯汀说,"你和爸爸说就行了。"

"爸爸和我已经谈过了!"泰勒说。

"是的,"丹说,"但我想让妈妈也同意我们之前达成的协议,所以我们现在才坐在一起。"

克里斯汀翻了个白眼说:"好吧,快点,早开始早结束。"

"所以,"丹开始说,"你和我达成了一致,你每小时给我们发一条短信,告诉我们你在哪里,报个平安。你妈妈对这个方案也很满意。"

"所以要是我在学校、在练习舞蹈或排球的时候就不用发?"泰勒问道。

"是的。如果我们已经知道你在哪里,就不需要发短信了。"丹说。

"那我应该什么时候发呢?比如刚过了一个小时的时候吗?"泰勒问道。

"可以啊!"丹说,然后看向克里斯汀,征求她的同意。

克里斯汀点了点头。

"如果那时候我正在上舞蹈课呢?跳舞的时候不能发短信。"泰勒指出。

"不,练舞时是你不需要发短信的情况之一。"丹说。

"如果我忘了呢?"泰勒问。

"那我们会给你发短信,"丹说,"就像我们之前约定好的那样。"

"她不会再给我打电话了?"泰勒问。

"如果这个计划有用的话,她就没必要给你打电话了。"丹说,"要是她又问那些明明可以过后再问的蠢问题怎么办?"泰勒问。

"她会之后再问的。"丹再次看向克里斯汀。她又点了点头。

"好吧,就这样,"泰勒说,"还有其他的事情吗?"

克里斯汀再也忍不住了,问道:"你真的会这么做吗?"

"我就知道你不会一声不吭。"泰勒吼道。

"我只是想知道你是不是真的会这么做。"克里斯汀说。

"那你能不能不要每五分钟给我打一次电话呢?"泰勒要求道。

"行了!停下!"丹说,"我以为我们都同意这个方案才在一起讨论的。如果有人不同意,那我们就不用这个办法了。如果这个解决方案不奏效,我们可以再想想别的办法。"

泰勒和克里斯汀都沉默了。

"那我们就试试这个解决方案,看看效果如何。"丹说。

"说完了吗?"泰勒问,顺便拿起了手机。

"是的,我觉得说完了。"丹说。

丹和克里斯汀离开了泰勒的卧室。

"她真的太不尊重我俩了。"他们到了厨房后,克里斯汀说道。

231

"还好吧，我没觉得。"丹说，"无论如何，这比你们互相大喊大叫要好得多。"

"嗯，我觉得她做不到。"克里斯汀说。

"也许吧。但我觉得她能够做到。"

"所以我们每次都要用这样的方式和泰勒解决问题吗？"克里斯汀问道。

丹说："当然，为什么不呢？而且更好的事情是，我不会每次有问题都这样。我不想成为你们的中间人。我觉得你也需要试一下。"

如果一位家长比另一位更擅长使用方法 B（至少在开始时是这样的），是可以的吗？实际上这是很难避免的。那如果只让一位家长主要负责执行方法 B 也可以吗？这肯定不是最理想的情况，但总比没有人执行方法 B 要好。我们的目标是让能更熟练使用方法 B 的家长帮助不那么熟练的家长，而不是只因为某些家长还无法得心应手地使用方法 B 就对它弃之不用。最糟糕的情况是父母对孩子的期望不一致，这样孩子就需要应对不同的期望——比如一位家长坚持使用方法 A 解决问题，而另一位家长则试图使用方法 B。养育孩子也需要家长彼此合作，建立伙伴关系。

09 RAISING HUMAN BEINGS

第九章
什么是更重要的

我们终于来到了第九章。现在的你已经比你想象中更了解如何通过亲子合作来解决问题了。在这里我们准备更专注地探讨一件事,即父母为何要采用书中描述的这些育儿方式——因为你希望培养孩子拥有美好、积极的人性品质。

在所有美好积极的人性品质中,哪些是最重要的?哪些品质是我们最迫切需要为孩子树立榜样并确保孩子能够习得的呢?以下是最关键的几点:

- 同理心
- 认识到自己的行为对他人的影响
- 以不挑起冲突的方式解决分歧
- 站在他人的角度看待问题
- 诚实

当具备这些品质时，人类就会展现出同理心和合作精神；当不具备这些品质时，人性的阴暗面就会显现，比如麻木冷漠、冲突倾轧、自私自利、自甘堕落、蓄意作恶等。正如前文曾讨论过的那样，在不同的时候，我们身上可能展现出两种极端的情况。

赫拉利（《人类简史：从动物到上帝》的作者）和史蒂芬·平克（《人性中的善良天使：暴力为什么会减少》的作者）告诉我们，现在的地球比以往更和平。但现实似乎并非如此。那些无权的、被边缘化的人似乎越来越愿意采取极端的暴力行为来为自己发声和解决问题，并且也越来越容易获取武器。看起来，地区、国家和世界的领导人越来越难倾听彼此的呼吁，越来越难求同存异、达成共识，他们很容易陷入沟通的僵局、阵营的两极化以及公然的敌意。其实，地区、国家和世界的领导人容易陷入的困境和亲子相处的困境大同小异。毕竟，他们也是人类。

所以我们又回到前言中提出的问题。我们在对孩子的管教和教育上，在与孩子的互动中，以及在解决影响孩子生活的问题上使用的方法是否能够帮助孩子形成更积极的人性品质？遗憾的是，在许多情况下并非如此。在我们满怀热情、一味追求方法 A 时，我们仍然热衷于使用权力来解决问题，并且错过了让孩子在学习解决问题的同时兼顾他人顾虑的机会。

另一个令人担忧的趋势如下所述：正如戴维·布鲁克斯在《品格之路》中所说，比起曾经的大学生，现在的大学生在理解他人感受方面减弱了 40%，而自恋度的平均指数在 20 年间上升了 30%。戴维认为，当代年轻人已经很少思考道德上的是与非，对成功的欲望填满了他们的精神空间。当代社会更忙碌的生活节奏和更快捷的沟通方式使我们往往忽略了来自内心的声音；不断增加的竞争压力意味着我们必须花更多的时间、精力和注意力在追求成功上；精英制度驱使着我们在不断追求更大、更强的路上变得日益膨胀，驱使我们相信自己无坚不摧，并得意扬扬地炫耀和夸大我们的成就。

我们似乎已经抛弃了"权威最懂"的模式——在这种模式下，个人的意愿需要屈服于权威的意愿，取而代之的是"我自己才最重要"——在这种模式下，个体只关心自己的事情。如果事实的确如此的话，我们就需要对我们的价值观进行修正。这并不意味着我们需要回到"过去的美好时光"。这意味着我们需要一个不同的、能够在以"自我为中心"和"高尚无私"的两极之间架起一座桥梁的新型模式。

让我们想一想，这个不同的模式会是什么样子。首先，我们要意识到每个人都希望自己的顾虑能得到聆听、受到重视并最终能得以解决。这种意识会随着新的解决方法的出现而不断提升。当我们的顾虑没有被满足时，每个人，包括孩子与父母在内，都会感到愤怒和沮丧，感到自己被疏远、被边缘化、被剥夺了权利，他们也会因此越来越倾向于以暴力和极端的方式解决问题。

我们寻找的是一种不同的力量。人类的真正力量存在于人性光谱中那些积极、阳光的品质，它们能滋养出各种能力。家长需要通过养育、教育、管教以及沟通来帮助孩子培养这些品质。孩子无法只靠自己就形成这些品质（同理心、合作精神、阳光自信、韧性十足）。

我们也确实有自己的盲点：有些因素会让我们对问题和行为产生过度反应——我们会变得急躁、强势和武断。在前面的章节中，你已经看到家长会表现的一些焦虑状态了，这里还有几点：

压力：生活充满压力，养育孩子也是如此。对你和孩子来说，对优秀的追求同样充满压力。这种压力会增加失去洞察力的风险，你可能会把孩子逼得太紧，也可能会反应过度或独断专行。尽管你希望你和孩子都能做到优秀，但其实你与孩子的关系才更为重要。作为父母，你的价值并不仅仅体现在你帮助孩子取得的成就上——也就是布鲁克斯先生所说的那种"简历优势"——而是在于你帮助孩子成为什么样的人。毋庸置疑，孩子能否被名校录取是衡量优秀父母的一种客观指标，但孩子是否具备同情心和同理心也是。

优越感：毫无疑问，你拥有孩子所没有的经验和智慧。但是孩子也有自己的智慧，有关于他的技能、偏好、信仰、价值观、个性、目标和方向。如果运用得当，那么父母智慧与孩子智慧的结合可以是一件美好的事情。但如果运用不得当，就可能会导致"我们"与"他们"、对与错之间的对抗，而这种对抗可能会误导我们把过多的精力用于互相贬低和互相否定，而不是彼此关切并努力达成相互满意的结果。

感觉孩子占了上风：是的，仅仅从物质的角度来看，你和孩子之间的交换是不平衡的。确实，有时候孩子会认为这是理所当然的，有时还会忽视你的顾虑。当你感觉到你的顾虑被忽视时，你会和其他人一样，为了扭转局面而变得强制和独断。一个更明智的做法是，你提醒孩子你也有需要实现的愿望，在其实现之前，问题无法得到解决。针尖对麦芒并不是解决问题的有效方法。

用力过猛：许多事业有成的成年人通过付出精力、努力和毅力实现了自己的人生目标。拥有精力、努力和毅力都是好的品质。但问题在于，当他们的孩子在满足某些期望方面遇到困难时，这些成功人士也试图通过付出精力、努力和毅力来解决问题。这经常导致他们忽视了孩子的技能、偏好、信仰、价值观、个性、目标和方向，以及孩子无法达到期望而遇到的困难。请记住，解决问题是家长和孩子共同面对的责任。仅凭精力、努力和毅力并不会解决这些问题，你需要和你的伙伴一起面对。当你们一起解决问题时，这种精力和努力的付出才是有用的。

觉得你应该知道所有问题的答案：成年人也不可能知道所有问题的答案。但这个事实并不能阻止许多父母不断尝试！在实施那些只根据自己单方面意愿、孩子毫不知情的解决方案失败后，他们往往会感到非常沮丧。其实对这些解决方案咬牙切齿是没有意义的，这些方案从一开始就不是好主意。幸运的是，你有一个伙伴，如果你愿意倾听并解决他的顾虑，并且给他机会听取和解决你的顾虑，那么你们一起找到解决办法的成功概率将大大提升。

害怕示弱：多数时候，人类之间的互动以胜负来衡量。体育、商业、政治、法律……人们都相信"胜者为王，败者为寇"。

遗憾的是，在育儿这件事上也不例外。但这是一种错误的二元观念。我们人类——包括父母在内——很容易做出一些适得其反的事情，尤其是当人们下定决心要展示自己有多么强大时。但育儿不是强弱之间的平衡。与孩子一起合作解决影响他生活的问题并不表示你很软弱。实际上，这恰好是强大的表现。结合前文你曾读到的许多不同的原因，这也是一个好策略。

共情疲劳：我们生活在信息时代，处处充满着对共情的需求——世界上许多地方的人因饥饿和疾病、内战和暴行而死亡，枪击、暴力、海啸、洪水……各种事件频发。不过，我们已经渐渐对此习以为常。遗憾的是，这种共情疲劳有时会导致我们在与孩子的互动中缺乏同情心和同理心。

健忘：虽然你仍然记得自己在儿时和青少年时期犯过的一些错误，但你或许已经忘记了从这些错误中学到的重要教训，你可能也忘记了经历本身带给你的经验和教训比聆听家长的智慧叮嘱更有效果，而且你也忘记了年少的你是多么不愿意接受这些智慧的馈赠。孩子遇到问题可能是个让父母开始记起这些过往经历的好时机。这并不意味着你要对孩子的事袖手旁观，眼睁睁看着它毁了孩子的生活，也不意味着你无处施展你的经验与智慧；这意味着你需要用聪慧的手段帮助你的孩子从中受益。

你在本书中阅读到的这些技巧，是如何帮助你培养孩子更积极的人性特质的呢？让我们再思考一下。

通过方法 B 可以培养的品质

"共情"能够帮助孩子练习认真思考和明确表达他的顾虑,还可以帮助孩子用一种更容易被重视的方式大声说出自己的顾虑。这是一个多么关键的生活技能啊!我们人类经常在心有顾虑但无法弄明白它到底是什么或无法明确将之表达出来的时候,表现出人性中最糟糕的一面。有时,因为家长没有给孩子说出来的机会,孩子会觉得自己的顾虑被忽视;有时,与顾虑相关的情绪来得太快,所以我们只关注宣泄情绪,而不关注导致这些情绪的原因,即顾虑本身;有时,我们的反应方式本身就预示了一场亲子大战的到来。"共情"让每个人都放慢了脚步,并确保我们冷静地专注于正确的目标:父母与孩子各自的顾虑,而不是权力。

孩子们在共情阶段学到了什么?他们的顾虑是正当的,应该被父母倾听和解决,而不是被忽视、轻视或贬低。父母在共情阶段学到了什么?如何同情和重视另一个人的担忧和顾虑。为什么父母总是对孩子的顾虑感到惊讶?你现在已经知道了,这通常是因为父母从未了解过孩子的顾虑,而且通常是因为父母从未真正询问过。那些顾虑被倾听与重视的孩子往往也更愿意倾听和重视他人的顾虑。怎么判断你已经做到共情了呢?以下这样的对话会告诉你答案:

哈德利:妈妈,我有个问题。
母亲:你想聊聊吗?

哈德利：有点儿。

母亲：好的，那让我们来聊聊吧。

哈德利：我觉得我伤害了我的一个朋友，我不知道该怎么办。

母亲：告诉我发生了什么吧。

哈德利：你知道我和路易莎、玛丽是朋友。

母亲：是的，我知道你们是朋友。

哈德利：你也知道她们两个之间并不是很合得来。

母亲：你也告诉过我这件事。

哈德利：所以有时候我会陷入困境。

母亲：是呢。

哈德利：昨晚玛丽邀请我去她家，她没有邀请路易莎。玛丽还让我不要告诉路易莎，因为玛丽不想邀请她去。

母亲：然后呢？

哈德利：我应该告诉玛丽，我并不想欺骗路易莎，但我当时有点赶时间，所以我答应了不会告诉路易莎。

母亲：然后呢？

哈德利：然后路易莎打电话给我，她叫我去陪她。

母亲：我知道这是怎么回事了。

哈德利：是的。所以我对路易莎撒了谎。但后来她发现我在玛丽家。所以，现在她不和我说话了。

母亲：我明白了。

哈德利：我该怎么办？

母亲：你现在有什么想法呢？

哈德利：路易莎一定很难过，我对此感觉很愧疚。我想告诉路易莎，我真的很抱歉。但我又不想伤害玛丽。

母亲：好的。有没有办法向路易莎道歉而不伤害玛丽？

哈德利：我觉得我需要再考虑一下。

母亲：好的。如果你想再谈谈，告诉我。

还有另一个例子：

艾米丽：爸爸，周六早上我可以用车吗？

父亲：艾米丽，你要用车干什么呢？

艾米丽：我报名在周六早上去收容所做义工，为流浪者做早餐。

父亲：你要做什么？再说一遍？

艾米丽：去收容所做义工，为流浪者做早餐。

父亲：你是什么时候决定这样做的？

艾米丽：我不知道，我考虑这件事有一段时间了。我觉得那些人很可怜。我的一些朋友说那些人的坏话，说他们懒惰，但很多人只是运气不好或有心理问题。我觉得，很明显，他们需要帮助。

父亲：我觉得对很多人来说，这一点并没有那么明显呢。爸爸认为你想这样做非常酷。你需要几点钟到那里？

艾米丽：他们早上七点开始供应早饭，所以我需要六点半到那里开始准备。

父亲：周六是你睡懒觉的日子。你确定要这么做吗？

艾米丽：这件事比睡懒觉更重要。

通过沟通来表达自己顾虑的能力对孩子来说是至关重要的，因为方法 B 中最重要的交流部分就是双方说出自己的顾虑，而且长久的、能令双方都满意的解决方案要同时解决双方顾虑。但这种能力不仅对使用方法 B 很重要，在日常生活中也同样重要。

这世界上有很多孩子——我在监狱和社区工作时遇到过很多这样的孩子——他们长期以来接受的都是来自社会的最严厉的惩罚与干预。他们中的许多孩子已经放弃了自己被倾听和理解的希望。但当有人倾听他们、认真对待他们的顾虑并帮忙解决问题时，孩子们仍然能够感知到这些善意。就是在这个时候，我们开始相信这些孩子仍有潜力发展出人性中积极的一面。

在西方社会，人们非常依赖心理健康治疗师。这个现象表明，在日常关系之外，许多人有被倾听与被关注的需求。而他们会和心理健康治疗师讨论什么呢？他们会讨论日常生活。有专业的倾听者是件好事，但人们对他们的重度依赖却不容乐观。

孩子们在"解释大人的担忧"阶段中也学习并实践了许多技能，包括共情、换位思考，以及理解自己的行为如何影响他人。这些技能在帮助我们以同情和敏感的方式对待彼此方面发挥了巨大作用，它们帮助我们避免伤害他人。在社会上，我们非常依赖规则与法律法规。但这些都是来自外部的控制，对培养人性的积极一面并没有太大的作用。正如你在前文读到的，我们的目标是在内部找到自驱力，而这只有在真正教会孩子考虑他人的顾虑时才能实现。然而，通常情况下，我们解决与孩子相关问题的方式并不能教会孩子这些技能！如果你使用方法 A，那么你教给孩子的东西则背道而驰：你毫无同理心，没有站在孩子的角度看待问题，也没有关注你的行为会如何影响孩子。

人类很容易觉得自己所处的立场就是正确的，以至于我们会用"我们是正确的"这一信念为一些糟糕的行为做辩解。在这种情况下，我们就会对自己所关心的问题的合法性和我们正在实施的解决方案的假定合理性感到困惑，并失去对他人的同情和关心。如果我们在这种情况下实施解决方案，那么肯定会忽略其他人的顾虑。这不是我们想要教给孩子们的东西，也不是我们想要的与孩子一起解决问题的方式！

如何判断孩子是否在正确的道路上发展呢？以下我偶然听到的这段对话可以给我们一些启示：

里德（在一场篮球比赛中）：犯规！

塔克：那不是犯规！

里德：哥们儿，你差点把我撞倒了！

塔克：别这么胆小！比赛本就是很激烈的。

里德：整场比赛里你的动作都太过凶狠了。

塔克：那你就只能忍着了，胆小鬼。

里德：我说你犯规了。

塔克：你能像个男人吗？

里德：你是什么意思？

塔克：就在这里解决吧，现在就解决。

里德：你是指打架吗？

塔克：是的，懦夫。

里德：为了一场篮球比赛而打架？

塔克：是的，你这个胆小鬼。

里德：哥们儿，我只是不想你在比赛里这么粗暴地对待我。我并不想和你打架。

塔克：胆小鬼。

里德：你能在不犯规的情况下打球吗？不然我真的不想和你打球了。

塔克：你应该去和女孩们一起打球。

里德：好吧，我觉得我们的谈话毫无意义。我不说了。等你不想打架的时候我们再聊吧。

父母在解释大人的担忧阶段中也能学习和锻炼许多技能。正如你读到的，就像孩子一样，父母也经常不清楚自己的顾虑，只会不停地重申自己的期望或者强行实施解决方案，而不是正确地表达自己的顾虑。在这个过程中认识到自己的顾虑既能够得到倾听又可以得到理解，这对于许多家长来说，都是一种全新的体验，尤其是对那些一直实行方法 A 的家长。在邀请阶段中，家长还可以锻炼许多其他技能，包括：设想个人行为的可能结果或影响，考虑解决问题的各种方法，从原本的计划、想法或解决方案中转变视角，以及考虑所有会导致计划调整的情境因素。

邀请阶段是如何让你做到这一点的呢？让我们再回忆一下这

一阶段的具体做法。你和你的孩子要寻找一个解决方案，并一起评估这套解决方案是否可行且能令双方都满意。可行的标准为你和你的孩子提供了宝贵的实践机会，以便探索双方是否能够可靠地执行解决方案中各自的负责部分；而令双方都满意的标准则可以确保父母和孩子的顾虑都能得到解决。

你在进行方法 B 之前设想的解决方案是否可能被采纳呢？可能不会。毕竟，当你设想该解决方案时，你还没有进行共情阶段，因此这个解决方案并没有考虑到孩子的顾虑。那你的孩子在进行方法 B 之前设想的解决方案是否可能被采纳呢？也可能不会，因为他设想的解决方案也并未考虑到你的顾虑。因此，在这个过程中，你们两个人都锻炼到了舍弃最初解决方案的能力。实际上，你还可能发现，在双方顾虑都得到倾听和明确之前想出的解决方案实际上并没有多大意义。

人们经常问我，是否遇到过一些无法以双方都满意的方案来解决的问题。答案是否定的。我遇到的情况是，人们觉得问题无法解决，因为他们的解决方案互相矛盾、无法调和。这是因为他们跳过了解释担忧的阶段，直接进入了解决方案的阶段，但这样的解决方案无法考虑到双方的顾虑。正如你知道的，顾虑是没有对错输赢的。一方的顾虑不会比另一方的顾虑更具说服力或更重要。双方的顾虑都需要被明确和解决。因此，问题无法解决的唯一原因是没有某种办法能同时解决双方的顾虑。而这种情况应该是非常罕见的。

> **答疑解惑**

问：真实世界难道不是关于权力和控制的吗？哪里有什么合作啊？

答：毫无疑问，真实世界的某些方面确实是关于权力和控制的。某些工作场所是这样运作的，法律体系倾向于这样运作，某些国家和政治体系也是如此。孩子确实需要知道在这样的处境下该如何处理问题。但你应该不希望将专制或对抗性的教育方式作为你的育儿模式。现代世界更需要的是合作的过程，而不是对抗或独裁的过程。幸运的是，虽然生活中处处存在着权力斗争，但以和平的方式巧妙解决问题显然比对抗更加有效。世界上合作共赢的例子随处可见，只有在人们合作时，人性中更令人钦佩的品质才会闪闪发光。

如果你的孩子有一天遇上了使用方法A的老板该怎么办呢？首先，也许你的孩子意识到他不想为这样的老板工作。又或者也许他会有先见之明，意识到这份工作只是达到目的的手段，并且他也有规划和解决问题的能力，为自己想好了退路。正如我的朋友托尼·瓦格纳（《创新者的培养：如何培养改变世界的创新人才》和《全球成就差距：为什么即使最好的学校也无法教会孩子如何生存？》等书的作者）所说，你的孩子为实行方法A的老板打工的概率正在慢慢下降。因为企业越来越重用懂得合作的员工（和老板），而非那些常常发号施令的人。

那现实世界有时候是否仍然会用方法A来对待你的孩子呢？

是的。如果他超速驾驶了，他可能会被警察拦下并被开罚单。然后法官可能会对他处以罚款。他的保险公司可能会强迫他支付更高的保费。如果他在飞机上违反规定使用了手机或者没系紧安全带，没有人会用方法 B 来和他解决问题。相反，除非他遵守规定，不然飞行员不会起飞，同行的乘客可能会被激怒，他最终可能会被赶下飞机。的确，一些人之所以遵守限速规定并在飞机上系好安全带、关闭手机，是因为他们害怕被抓住并受到惩罚。另一部分人之所以能遵守这些规定，是因为他们意识到这样做更安全——无论是对自己还是对他人，并且他们能理解自己的行为将如何影响他人。很显然，这两类人中后者更可靠。你的孩子是否会做出正确选择在很大程度上取决于你的育儿方式，以及在他遇到困难时你帮助他的方式。

如果我们思考一下，在真实生活中，哪种技能更重要——是在方法 A 中训练出的对权威的盲从，还是在方法 B 中训练出的认清和表达自己的顾虑的能力、换位思考的能力和努力寻找可行且双方满意的解决方案的能力——答案是相当明显的。我们需要确保的是你的教育方式能够促进孩子这些技能的发展。

问：大多数学校是不是都倾向于使用方法 A 解决学生的问题？

答：是的。当学生没有满足老师的期望时，许多老师仍然会经常使用方法 A 解决问题，这是很令人遗憾的。因为许多学校的训导方式仍然是以教师强行实施惩罚来解决问题，所以很多孩子都没办法正常上学。在美国，每年有超过 10 万名学生被学校开除，每年有超过 300 万次停课处理和上千万次的课后留堂。想必你也了解过美国公立学校中有关体罚的统计数据。这些天文数字说明了几点。首先，许多地方仍然非常流行实行方法 A。其次，方法 A 并没有什么作用，这些数据就可以证明这一点。因为课后留堂、停课、开除和体罚都解决不了任何问题。事实上，这些干预措施反而会让孩子厌恶学习。这些过时的惩戒不仅对那些有问题行为的学生有害，还会对学校中的所有孩子造成一定的负面影响。

幸运的是，你可能已经发现，美国有些州和学校正在尝试不同的教育策略——减少停课和课后留堂的比例，取消体罚，并减少对软禁室的依赖——这些改善措施开始吸引人们的热切关注。同时，那些仍然依赖惩罚性措施和对抗性干预的学校也开始被媒体曝光。这就是进步。

那么这与你教育孩子有什么关系呢？在孩子上学过程中，你很有可能会收到来自学校老师、辅导员或者校长的电话或信息，说你的孩子在学业成绩或者行为举止方面做得不是很令人满意。这个时候你可能会感到一种压力，即倾向于对孩子实施一些惩戒以证明自己是一个坚定的父母，不害怕用惩罚来教育孩子。

你要抵制住这种压力。尽管你可以向学校证明自己对孩子很严厉，但你也可以用让人惊艳的方式给予回应——你可以认真了解孩子的困难，并让老师和你一起合作来解决问题。教育工作者通常非常忙碌，他们需要处理的各种各样的紧急问题可能比其他任何职业都要多，所以，他们更倾向于快速解决问题。你要帮助他们放慢脚步，在教育你孩子的问题上多些耐心。人们常说，欲速则不达。想匆匆忙忙解决问题通常是行不通的。

如果你想要与校方共同解决问题，第一步通常是一起开会，你要明确表示解决孩子问题的第一步是了解他的困扰。确保学校知道你不是在为孩子找借口——你只是试图了解孩子问题背后的原因，以及让校方明白迄今为止他们所使用的各种调整、适应、激励策略之所以未能奏效，是因为他们对孩子的情况没有充分了解。你还要明确告诉学校，你理解校方的顾虑合理且重要，并且你也会认真对待并努力解决他们的顾虑。最后，确保你的孩子能够参与到解决问题的过程中。

面对学业成绩或者行为举止方面做得不是很令人满意的学生，学校在与家长合作方面是否还能做到更好呢？当然可以。这就是我写《迷失在学校：用积极合作式问题解决法改善学生行为》和《不再迷茫》这两本书的原因。

问：现在孩子们接收到的大部分信息都是关于如何关注自我而不是无私奉献的，不是吗？

答：这取决于你怎么看了。虽然我们在新闻上经常能读到关于合作、同理心和慷慨仁爱的例子，但就目前而言，大部分信息——尤其是在广告中——都是以自私和自我满足为导向的，而且我们总被灌输"生活是场成王败寇的比赛"这种理念。

我们不需要更多的赢家或输家，我们需要的是让以双方都满意。我们不需要更多的对错之争，需要的是倾听彼此并认同对方观点。黑白分明的观念也许能写出引人注目的新闻头条，但灰色才是思想交汇的颜色。我们有需要解决的问题，我们需要利用我们的人类本能，即我们人性中更令人钦佩的部分来解决它。这些本能已经内置于每一个人心中，但需要我们去耐心培养才能开花结果。

问：我只是想让我的孩子过上幸福、有意义的生活。而且我也想和我的孩子愉快相处。这些目标是可以的，对吗？

答：你可能需要思考一下你所说的幸福和有意义是什么意思。我们可以再想想哈拉瑞先生引用的尼采的一句话：如果一个人知道自己为了什么而活，那他就能忍受任何一种生活。即使是在困境中，有意义的生活也可以让人心满意足，而如果生活毫无意义，那无论活得多么舒服也都是一种可怕的磨难。如果你想了解更多的话，我想告诉你，影响孩子成年后生活满意度的最重要的童年因素是心理健康和亲社会行为，而最不重要的因素则是学习成绩。你能否与孩子愉快相处往往取决于你对孩子的期望和实际情况之间的契合度。如果你对孩子应有的样子抱着死板的、先入为主的观念，那你很有可能对孩子感到不满意。而如果你对孩子没有死板的观念——你知道自己的角色是根据孩子的情况做出回应，能在影响和了解孩子之间保持平衡，接受孩子本来的样子，并帮助他过上符合他自己特质和心意的生活——那么你应该就能和孩子愉快相处了。

问：我注意到您强调的五个技能（同理心、认识到自己的行为对他人的影响、以不挑起冲突的方式解决分歧、站在他人的角度看待问题、诚实）的首字母拼起来是 EARTH。这是有意为之吗？

答：嗯，这样确实挺有意思的。顺便说一句，如果用不同的顺序排列，它们可以拼成 HEART。但我还是认为应该把同理心排在第一位。

> 凯拉等着布兰登放学回家。
> "我们需要谈谈。"她说道。
> "我知道。"
> "我觉得我们现在这个完成家庭作业的安排并不是太好。"凯拉说道。
> 布兰登也表示同意。
> "所以我们需要想想以后该怎么办。"
> 布兰登点了点头，说道："我很抱歉让你和托尼之间闹了矛盾。"
> "我不觉得是你导致了我们的争吵。我想是因为有些问题我已经回避太久了，所以它们最终才爆发了。"
> "我不会让他动手打你的。"布兰登说。
> "你能站出来替我说话，我很感动。但这是我的事情。托尼以前从来没有打过我。他向我保证再也不会那样了。他对那件事也

很抱歉。所以你不用担心我的事情。但是你和我——也许还有托尼——需要解决家庭作业的问题。"

布兰登点了点头。

"那我们来谈谈吧。你先跟我说说，为什么你不让托尼辅导你做家庭作业呢？"

"他并没有真的帮到我。他只是对我大喊大叫，说我没有努力。但有很多东西我都不理解。他对我大喊大叫并不能帮我理解那些东西，只会让情况变得更糟。"

凯拉点了点头，问："有哪些科目的作业是需要辅导的呢？"

"历史。"布兰登肯定地说。

"嗯，我知道了。还有什么？"

"数学。"

"这个我也知道。你现在数学课在学什么呢？"

"二次方程式。"布兰登说。

凯拉笑着说："哦，那超出我的能力范围了。"

布兰登没理解凯拉的幽默。"托尼说他也弄不懂。"

"还有其他吗？"凯拉问道。

"没有，主要就这两个。"

"历史方面你需要我们帮助你做什么呢？"

"都很需要。我想让你们帮我复习功课应对考试，还有帮我准备课题项目，"布兰登说，"每两周我就有一个课题项目要做。"

"托尼不能帮你辅导这些内容吗？"

"他都没有试着帮我。他只是生气地说我很懒。我一点都不懒。"

凯拉做了个鬼脸:"好吧。我也不觉得你懒。我的顾虑是,如果你在数学和历史方面得不到所需的辅导,那你这两门课的成绩就不会很好。但如果我继续让托尼辅导你,你们两个就会又吵起来,而且你也得不到你想要的帮助。"凯拉停顿了一下,布兰登还在听。"所以,我在想知道有没有办法既能让你在数学和历史方面得到帮助,又不会和托尼打起来,而且你这两门的成绩也能得到提高。"

布兰登想了想,说:"学校放学后有个数学俱乐部,但我没去过,因为放学后我有棒球训练。"

"你那个棒球训练是每周有两天,还有一天要比赛,对吗?"

"对。"

"那数学俱乐部多久办一次呢?"

"我不知道。"

"我们能问问吗?我的意思是,你能在每周不去打棒球的那两天去参加数学俱乐部吗?"

布兰登答应去问问这样可不可行。"那历史课的事情还没解决呢。"

"是的,没错。历史课该怎么办呢?"

"你可以帮我。"

"我?可我要上班呀,亲爱的。"

"那你不上班的时候呢?你一周有两天,有时候是三天都不用上班。你可以在这些时候辅导我,就在棒球训练或者数学俱乐部活动之后。"

凯拉考虑了一下:"我觉得这个办法可以。这样辅导就够了吗?"

"我觉得可以。"布兰登似乎对这个解决方案很满意。接着,他又问:"那谁去告诉托尼他不用再辅导我呢了?"

"他下班回家之后我会告诉他的,"凯拉说,"但我希望我们三个人能一起讨论一下。"

那天晚上吃饭时,凯拉先开启了话题的讨论:"从今天开始,我会来辅导布兰登做家庭作业。"

正在吃意大利面的托尼抬起头,问:"你什么时候给他辅导呢?"

"我不上班的休息日晚上。"

托尼笑了笑,摇了摇头,说:"又是妈妈出马了。"

"不,不是'妈妈出马',"凯拉说,"我只是觉得我们可以在家庭作业上换种不同的解决方案。"

"没问题,"托尼说,"你想帮他,那你就帮吧。我很乐于看你怎么治治他。"

"那就让我们拭目以待吧。"凯拉说。她希望这次对话到此为止。

但托尼还不肯结束:"他以后不会总有妈妈来救他的。"

"我并不是想着要救他,"凯拉说,"只是在解决辅导他做家庭作业的问题。"

"等他有像我这样的老板时你还能来救他吗?"托尼问道。

布兰登突然说话了:"我不会有像你这样的老板。"

托尼静静地消化着这句话。他慢慢地嚼着食物,盯着布兰登。然后他微微一笑。凯拉和布兰登相视而望,不知道这是什么意思。

第九章 什么是更重要的

托尼笑得更欢了,而且点了点头,笑着说道:"确实,你不会遇到我这样的老板。"

凯拉和布兰登看着托尼,等着他往下说。"布兰登,我不得不说,你确实不在乎别人的看法。"托尼笑着说。

"我觉得我会很佩服你这一点。如果我对我老爸说了那种话,他会把我打到满地找牙。现在想想,他总不让我说话,我不怎么喜欢他这一点。"

凯拉松了口气。布兰登则看起来很震惊。

"兄弟,我得说一句,我不会放弃帮你辅导家庭作业的。如果你没意见的话,我会在你妈妈辅导你的时候在旁边看着。我什么都不会说。我们看看她是不是确实比我做得好。如果确实如此的话,我会按照她的方式辅导你。我不想成为你的敌人。我也向你保证我再也不会像昨天那样了。"

在和汉克以及夏洛特一起实施方法 B 几个月后的一个工作日,丹尼斯早早醒来,做好了上班的准备,但发现离平时叫醒孩子们的时间还差十分钟。于是她利用这段额外的时间静静地坐在厨房里喝着一杯咖啡。在享受了奢侈的两分钟发呆时刻之后,她的思绪变得清晰起来。

汉克不吃早餐的问题已经解决了。她了解到他在早上吃麦片后会肚子痛,然后他们发现是乳糖不耐受惹的祸。尝试了几种替代乳制品后,汉克现在用杏仁奶拌着麦片吃。问题解决了,丹尼斯想。

解决汉克和夏洛特无法一起看电视的问题需要进行一些细微的时间安排调整，但也进展顺利。

关于尼克除了上网玩游戏和看视频之外无事可做的问题，丹尼斯也和他使用方法 B 进行了讨论。她还发现尼克会在网上浏览暴力内容。尼克同意不再访问那些网站，也同意工作日上网时间限制在 60 分钟内，周末为 75 分钟。他还同意不清除浏览历史记录，并且他们也知道如何禁用无痕模式，这样丹尼斯就能检查他浏览过的网站。这些解决方案还算进展顺利。但尼克还是不知道该做点什么——他说他在附近没有朋友——所以现在他不玩电脑的时候就和夏洛特一起看电视。这个问题还需要再想想办法，丹尼斯想。今晚睡觉前想吧。

接下来呢？丹尼斯思考着：上次成绩单上，汉克的几何和世界历史课成绩不太理想。我得在这周和他谈谈。只是需要和他谈谈时间的问题。汉克还是对合作解决问题的方案不是特别热情，但他勉强参与了进来。

夏洛特说，这个周末她不想去安德莉娅的生日派对。丹尼斯忍着没告诉夏洛特她必须得去，别无选择。她认为她得搞清楚这件事。今晚哄她睡觉的时候可以问问她。

她的思绪再次回到尼克的身上。如果不告诉他的话，他总不把洗碗机清理干净。但丹尼斯决定将这个问题先放一放。现在，就先专注于解决他除了玩电脑没别的事情可干的问题。他需要一个朋友。她笑了。因为自己又自作主张为他决定了解决方案。她还没有改掉这个旧习惯。然后她想到了另一件事。尼克最近从他爸爸那里回来时一直很沮丧。这个问题更需要早点解决。今晚睡觉时候就说吧。

她看了看表，深吸了一口气，准备去叫孩子们起床。

距离上次的讨论大约一个月后，事情进展得都很顺利。在过去的几周里，克里斯汀作为旁观者，观察着丹解决了泰勒别的问题：一个是关于宵禁的问题；另一个是泰勒想去一个同学家参加派对，但这个同学的家长与丹和克里斯汀都不认识。放学后的一个下午，克里斯汀和泰勒都在家里。当克里斯汀路过泰勒关着的房门时，她被听到的哭声吓了一跳。她停下来听了听，确实是泰勒在哭。

克里斯汀的第一反应是感到恐慌。她希望丹在家。但丹出差了。怎么办呢？克里斯汀心想，她是不会告诉我是怎么回事的。

克里斯汀站在门边，手足无措，心想：如果她出来发现我在这里，她会生气的。我不能就这么站在这里。

她准备走开。但她停了下来，转身，轻轻敲了敲门。

哭声停了。"干什么？"一个尖锐的声音响起。

"你没事吧？"克里斯汀问道。

"没事。"泰勒抽泣着说。

"你听起来不是很好。"

"怎么，你一直在我门外偷听吗？"

"没有。只是刚好经过。"

"我没事。"

"我能进来吗？"

"随便。"泰勒说。

克里斯汀慢慢打开门。泰勒用袖子擦了擦眼睛。"怎么了，亲爱的？"克里斯汀问道。

"没事。"泰勒说。

"听起来可不像没事。"

"嗯，也不是没事，但我不想让你太紧张。"泰勒说。

"你想跟爸爸说吗？"克里斯汀问，"你可以给他打电话。"

"晚点再说吧。"泰勒说。

"你也不想告诉我吗？"

"嗯。我不想告诉你。你总是对这些事过于紧张。你觉得一切都像灾难一样。"

"我确实是这样，对吧？"克里斯汀说。

听到她亲自承认，泰勒感到很惊讶，说道："是的，确实是这样。"

"所以你总不愿意告诉我这些事情。"

"告诉你只会让事情变得更糟。再说，我可以自己处理我的问题。"

"很抱歉之前你告诉了我，结果事情变得更糟了。我正在努力改正过度反应这个毛病。你没觉得我最近做得还不错嘛？你和爸爸聊天时我都只是在旁边听着。"

"我猜是的。"泰勒边抽泣边说道。

"我知道你觉得我做不到，但我现在可以只倾听不发表意见。"

"你说得对，我确实觉得你做不到。"泰勒嗤之以鼻地说。

克里斯汀坐在泰勒的床上："我想试试。"

泰勒并不买账。"这是什么意思，你在做心理实验吗？"

"不，我只是一个想念她女儿的母亲。"

"什么意思，你想念我吗？"

"我的意思是，你和我以前很亲近。然后我开始因为担心你而反应过度了，所以你就不再和我分享这些了。我对此感到很抱歉。我希望你能信任我。"

泰勒对这样的克里斯汀感到有些不知所措。"嗯，好吧。"

"我知道这听起来有点煽情，但我觉得我现在可以做到好好倾听别人了。"

泰勒还是不买账，问："你最近又读什么书了吗？"

"不，我最近没读什么。"克里斯汀笑了，"但我读了很多关于如何做好父母的书，不过我还做得不够好。"

泰勒并没有被克里斯汀感动，问道："所以你想让我和你多交流，就因为你觉得现在你可以好好倾听了？"

"我不知道……我想也许有一天你会给我这个机会。"克里斯汀感觉到泰勒想要看看手机有没有新短信，她每次感觉尴尬了就会这样。

"嗯，好吧。"泰勒说。

克里斯汀站起来。"那如果有什么事情让你不开心了，你随时可以来找我聊。如果你想说的话，我随时都在。"她转身离开了卧室。

"妈妈?"

"怎么了?"克里斯汀转过身去。

"你不是个坏妈妈。"

"你这么说真是太好了。"克里斯汀说,她感觉到眼泪要涌出来了,但还是努力保持镇定。

"你只是太担心我了。"

"我希望你一切都好。"

"是的,可是你越担心我是不是一切都好,我们之间的关系就会越紧张。即使我的生活不是完全顺利,我也没关系。你的生活中也会出现问题,但你还是一直在前进呀。我也可以这样。你还记得你以前在车上放的那首歌吗?歌词是什么来着?'你哭着,你成长了……你喊着,你成长了……你失去,你成长了……你流血,你成长了……'记得吗?"

克里斯汀点了点头,说:"我想我应该放手让你去磨砺和成长了。只要记得,如果需要我的话,一定要告诉我。我觉得我可以做到好好倾听了。"克里斯汀匆匆离开了房间,关上了门。当她走下楼梯时,她舒了口气,心想着,我能做到。

RAISING HUMAN BEINGS

第十章
不再焦虑的父母

在阅读这本书的过程中,你反思了自己身为父母的角色、作为父母想要在孩子身上培养的特质以及你在孩子人生中的位置。面对众多的育儿建议,也许有时候你会觉得只需开启"自动驾驶"模式——凭直觉行事就好,这种心情完全可以理解。但如果你能想明白哪些事情至关重要,哪些无关紧要,明确自己的优先级和真正目标,就能避免被外界的纷扰所左右。到现在,你应该已经对自己的优先事项和期望有了更清晰的认识。

我们已经厘清,孩子成长进程中最为关键的使命便是自我探索——挖掘自己的天赋、兴趣、信念、价值观、个性、目标与方向,并逐渐与之相融,大胆追求与内心相契合的生活方式。而作为家长,你需维持的平衡在于:既要适应孩子的本性,引导她顺应自己的特质而活;同时,也要让她从你的智慧、经验以及价值观中汲取营养成分,助力自身成长。我们也明确了这一点:那些侧重于使用权力和控制管教孩子的传统方式，不太可能帮你维持平衡。相反，采用新角色——成为孩子的"问题解决伙伴"，并运用不同的方法——与孩子合作解决问题，你将更可能取得成功。

我们通过观察外界要求和孩子自身特质之间的相容性和不相容性，了解了孩子在成长过程中面临的来自社交、学业和行为等各层面的期望。当这些期望与孩子的能力匹配时，生活自然会顺风顺水；然而，一旦它们不匹配，父母和孩子就需要面对解决问题的挑战。你处理这些问题的方式，不仅会影响问题能否解决，还会对你与孩子之间的关系产生深远影响。需要指出的是，尽管外界要求和孩子自身特质之间的相容性令人愉悦，但正是那些不相容性及其解决过程，才更直接地促进了孩子的成长。

我们深信孩子们"有能力就会做得好""他们都想做到最好"，而把事情做好的核心在于技能，而非动机。正如你现在所知道的，能力是拉动火车的发动机，而动机只是一节车厢。

你已经了解了很多合作解决问题的方法。实际上，方法 B 的三个阶段只是概括了为人父母最重要的几个方面：了解孩子的担忧、观点和立场，将你自己的担忧和看法也纳入考量，然后与孩子一起努力，找到切实可行且双方满意的解决方案。与孩子合作解决问题的过程可能有些困难，也可能与你从小接受的教育方式不同，但它的重要性不容忽视。相信你一定能够做到。

我们已经探讨过身为孩子的好搭档的一大关键特质：助人者的特质。这样的人不会让事情雪上加霜，他们会伸出援手；他们内心强大，能努力克制自己的情感，以免影响到帮助孩子的进程。尽管家长的焦虑会成为帮助孩子路上的障碍，但我们在本书中也已经分享了如何及时调整心态，以便我们在关心孩子的幸福成长时不会表现得那么忧心忡忡。除此之外，还有许多因素会诱导我们重新退回方法 A，因此，要对这些因素时刻保持觉知，从而帮助我们判断这是否是最好的策略。

总的来说，我们已经认识到，在"独裁王国"与"傀儡父母"之间的半岛地带，存在一片沃土，我们称之为"合作领域"。然而，要抵达这片沃土并非易事，途中道路崎岖，更无直达航班。更困难的是，一旦到达那里，我们也很难长久驻足，因为"独裁王国"的诱惑始终在远方若隐若现。尽管如此，深耕这片土地，播撒下我们期望收获的种子——以积极的方式影响孩子的生活，建立和维护良好的亲子关系与亲子沟通——只要能做到这点，所有这些艰辛努力都是值得的。那些关乎孩子生活的问题，其实并不必然引发冲突，它们只是待解的难题而已。

在育儿过程中，采用合作的方式不仅能够帮助我们保持自身影响力，还能引导孩子发现并过上真正符合他们内心的生活，有助于培育出他们更为高尚的人性品质。这些品质包括同理心、诚实守信、团队协作、适应力、独立自主能力、能够意识到自身行为对他人产生影响的换位思考能力，以及以不引发冲突的方式解决分歧的能力。

我们期望孩子能发展出这些品质，成就最优秀的自己，在无论是朋友、伴侣、父母、邻居还是公民的角色中，都能表现出色。在孩子成长的过程中，我们的教育方式将塑造他们的性格，提升他们的能力，使他们足以胜任这些角色。这正是现实世界所看重的，也是现实社会希望更多人能拥有的品质。

这一切都源于我们如何教育下一代。我们是否在培养孩子的时候注重培养人性中美好积极的一面呢？实际上，我们的努力还远远不够。但现在我们已经知道需要做出哪些改变。本书中介绍的方法将会对你、你的孩子以及我们所有人都大有裨益。对于海勒尔的那个问题——"如果现在不开始，更待何时？"——我们比任何时候都要清楚答案。

本书已接近尾声，而你的孩子们正等着你做出改变。